英语课堂教学话语分析研究

贾慧慧　著

西北工业大学出版社
西　安

【内容简介】 本书分七章，包括英语课堂教学话语研究概述、英语课堂教学话语导入研究、英语课堂教学话语提问研究、英语课堂教学话语的真实性研究、英语课堂教学话语的互动性研究、英语课堂教学话语的逻辑性研究和英语课堂教学话语的规范性研究等内容。

本书可作为高等院校英语教师用书，也可作为英语爱好者的参考书。

图书在版编目（CIP）数据

英语课堂教学话语分析研究 / 贾慧慧著. -- 西安 : 西北工业大学出版社, 2020.4

ISBN 978-7-5612-6910-7

I. ①英… II. ①贾… III. ①英语－课堂教学－教学研究 IV. ①H319.3

中国版本图书馆 CIP 数据核字(2020)第 048616 号

YINGYU KETANG JIAOXUE HUAYU FENXI YANJIU

英语课堂教学话语分析研究

责任编辑：万灵芝　　策划编辑：雷　鹏

责任校对：李阿盟　　装帧设计：吴志宇

出版发行：西北工业大学出版社

通信地址：西安市友谊西路 127 号　　邮编：710072

电　　话：（029）88493844 ，88491757

网　　址：www.nwpup.com

印 刷 者：北京市兴怀印刷厂

开　　本：710 mm×1 000 mm　　1/16

印　　张：14.5

字　　数：243 千字

版　　次：2021 年 1 月第 1 版　　2023 年 4 月第 2 次印刷

定　　价：68.00 元

如有印装问题请与出版社联系调换

前　言

随着我国对外开放的不断深入，世界各国与我国的交往日益密切，英语成为国家间不可或缺的交际纽带。英语学习受到国家、学校、个人等多方的高度重视。由于我国缺乏真实的英语语言环境，课堂教学一直是学生接触和学习英语的主要形式，而教师话语在英语课堂教学中起着至关重要的作用。它不仅是教师执行教学计划的工具，也是学生语言输入的一个重要来源。因此，恰当地运用教师话语对英语教师的教学和学生的英语语言习得起着重要作用。所以，研究和关注英语课堂教师话语是十分有必要的。

我国过去传统的英语课堂普遍存在“老师满堂灌知识点，学生不停记笔记”的现象，学生参与对话交流较少，大多成了“哑巴式”英语学习者。自新课程改革实施以来，我国的英语教育和教学也有了新的发展和要求，要突出以学生为主体的思想，尊重个体差异，注重素质教育，倡导实践、体验、参与、合作与交流的学习方式和任务型的教学途径，同时注重发展学生的综合语言运用能力，开发其思维能力、发展其自主学习的能力、增强其实践能力，也要培养其创新和合作精神。这就要求我国英语课堂不能再是“单向传授”而要转变为“双向交际”，要逐渐向“以教师为主导，以学习者为主体”的教学模式转变，让学生变成英语课堂的核心，教师成为课堂的引导者。因此，真实、规范、准确、得体的教师话语能够促进师生间、生生之间的英语交流，有利于调动学生参与英语课堂交流的兴趣和欲望，有利于其口语表达能力的提升，同时也能够提升英语课堂的教学质量和综合水平。

本书共分为七章。其中，第一章从整体角度对当前我国英语课堂教学的研究现状进行了论述，包括研究的意义、方法，以及英语教师实践教学话语中存在的问题；第二章对教师课堂的话语导入进行了研究，分析了话语导入的意义、特征及功能作用；第三章论述了课堂话语提问等相关问题，分别针对提问的类型、策略和方式进行了研究；第四章对教学话语的真实性进行了研究，包括情景的真实性、语言的真实性和内容的真实性等；第五章对教学话语的互动性进行了研究，包括英语教师在教学过程中与学生之间的互动、交流等，教师要注意在互动过程中的语言形式，扮演好互动中的角色；第六章对教学话语的逻辑性进行了研究，包括话语的逻辑顺序、层次以及连贯性等；第七章对教学话语的规范性进行了研究，包括教师课堂话语的正确性、准确性和得体性等。

本书在写作过程中参考了众多专家学者的研究成果，在此表示诚挚的感谢！

由于时间和精力的限制，本书可能会存在诸多不完善之处，恳请广大读者积极给予指正，以便使本书不断完善！

著　者

2019 年 9 月

目　　录

第一章　英语课堂教学话语研究概述

本章从英语教师课堂话语的定义、研究英语教师课堂话语的意义、英语教师课堂话语的研究方法以及当前英语教师课堂话语中出现的问题等四方面进行概括性的讨论。由于中国语境下的英语教师课堂话语所具有的特殊性，对中国英语教师课堂话语进行的分析在很多方面不同于其他语境下的教师课堂话语分析。因此，有必要对一些基本概念和研究路径做简要阐述。

第一节　英语课堂教学话语的内涵

一、英语教师课堂话语内涵

通俗地讲，话语(discourse)一般是指人们说的话或写的文字。如果需要一个专业的定义的话，话语就是以语言为媒介进行的实际交际行为。课堂话语(classroom discourse)就是课堂上产生的话语，包括学生话语和教师话语。《朗文语言教学及应用语言学辞典》把课堂话语定义为“课堂情景中使用的语言”。在现有的一些文献中，学生的话语也称为“学习者语言”。在相当长的一段时间里，教师话语称为“教师谈话”。早期的教师课堂话语研究主要是围绕教师谈话进行的。其实，广义的课堂话语还应该包括课堂上教师的板书、学生的当堂作业、教学中播放的音像材料以及教材中的文本材料等。有的学者把这种话语称为“教育话语”。当然，到目前为止，绝大多数课堂话语研究主要是研究课堂上实际产生的话语，即教师和学生说的话。也就是说，现在的课堂话语研究实际上只研究了课堂话语的一部分。

既然课堂话语包括教师和学生的话语，那么课堂话语分析就应该包括教师话语分析和学生话语分析。对学生话语的研究可以以二语习得理论为理论基础，这种研究不冠以话语分析的名称，而是称为中介语(interlanguage)研究或学习者语言研究。当然，也可以以话语分析理论为基础来研究学生话语。课堂话语分析的另一个主要内容就是分析课堂上教师的话语。所以，教师课堂话语分析只是课堂话语分析的一部分。

从国内课堂话语研究的现状来看，大多数研究都是探讨外语课堂上教师话语的使用情况，其中主要是研究英语课堂上的教师话语。其实，国外的教师课堂话语研究并不局限于语言课堂，更不局限于外语课堂。不少研究者对语文、数学、科学、地理、历史等学科的课堂话语进行了研究。这些课堂上的教学语言并不是外语，而是学生的母语。所以，课堂教师话语既包括使用母语时产生的话语，也包括使用外语时产生的话语。

国内研究者之所以特别关注英语课堂上教师话语的使用情况，主要是因为中国语境下英语课堂上使用的英语具有特殊作用。为了使学生能够更多地接触英语，英语教育研究者鼓励甚至要求英语教师在课堂上尽可能使用英语。这样，英语既是学习的目的，又是实施教学的媒介语言。教师说的英语一方面具有目的语示范作用和语言输入作用，另一方面又具有组织教学的作用。

读到这里，读者大概已经清楚什么是英语教师课堂话语了。简单地讲，英语教师课堂话语就是英语教师在组织和实施英语课堂教学时产生的话语，其中主要是英语，也包括母语(如汉语)。一些研究者把英语教师课堂话语界定为教师在教学中对目的语的使用(即不包括母语的使用)。我们认为，这样人为地缩小英语教师课堂话语的范围是不可取的，因为仍然有大量的英语教师在英语教学中不同程度地使用母语。因此，英语教师课堂话语应该包括英语和母语(这里之所以用“母语”而不是“汉语”，是因为我国少数地区的英语教学可能使用当地的少数民族语言，而不一定使用汉语)。由于本书在写作过程中使用的语料主要是英语，所以大多数讨论是以英语语料为基础的。本书不讨论英语教师在课堂上使用母语的情况。英语教师课堂话语与其他话语的关系如图 1-1 所示。

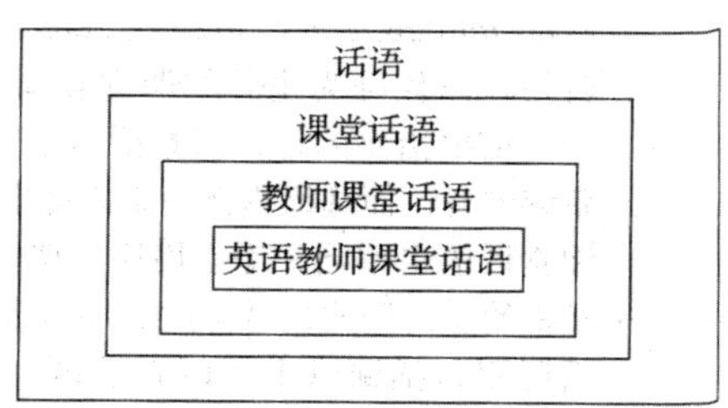

图 1-1 话语的层次结构示意图

由于各种复杂原因的影响，不同国家、不同社会文化背景下的课堂是不一样的。比如，在西方一些国家，班级人数较少，学生往往以小组形式围成一圈。大部分课堂时间，教师不是站在教室前面进行讲授，而是引导学生进行讨论或参与到学生的小组之中。在这种课堂环境中，教师话语的使用情况肯定与其他课堂有很大的区别。

在中国，大多数英语课堂都是大班教学(通常 40~50 人，有时 70~80 人甚至更多)。学生按排按列整齐就座。大部分时间里，教师站在教室的前面进行讲解。这就是典型的“教师主导课堂”(即英文中的 teacher-fronted classroom，目前尚无完全对等的翻译)。在这样的课堂上，教师在组织和实施教学时，通常是针对全班学生。即使是指定个别学生发言，全班学生也是在其控制之下。教师的活动范围一般局限在教室的前面，有时也会走到教室的中间。在这样的课堂上，教师与学生之间的互动通常叫作“以教师为主导的互动”(teacher-fronted interaction)，即教师站在教室前面与学生进行的互动。如果在小组活动时教师加入某个小组并与小组成员进行互动，则不是以教师为主导的互动。另外，学生自主学习时向教师提问而产生的互动也不是以教师为主导的互动。显然，在中国英语教学环境中，英语教师的课堂话语主要是以教师为主导的互动中使用的话语。

有的学者认为，传统的以教师为主导的师生互动带来的是一种贫乏的语境(impoverished context)，这种语境不利于学生参与真正意义的互动，因而不利于促进语言学习。尽管很多外语教育研究者对以教师为主导的互动持有很多批评意见，但这种形式的互动目前仍然非常普遍，而且在将来相当长的时间里将继续存在。因此，仍然有必要研究这种互动过程中教师话语的使用情况，并尽可能提高这种互动中教师话语的质量。本书研究的英语教师课堂话语主要是在以教师为主导的课堂互动过程中教师使用的话语。

需要指出的是，课堂话语不等同于课堂语言。语言一般指语言系统本身，而话语指在一定语境中、具有特定目的的语言使用。另外，课堂话语也不同于课堂用语。课堂用语通常指教师组织课堂教学时经常使用的程式化语言(如 Class begins!Sit down please!)，而课堂话语则包括课堂上的所有话语。在有关教师课堂话语分析的文献中，经常会遇到“外国人话语”(foreigner talk)这个术语。但国内有的研究者错误地把教师话语等同于“外国人话语”。“外国人话语”这个术语的产生背景是：在一些外语教学环境中，授课教师是目的语的本族语使用者(native speaker，简称 NS)，学生是目的语的非本族语使用者(non-native speaker，简称 NNS)。这种情况下，本族语教师与非本族语学生交流时使用的话语称为“外国人话语”。比如，在中国的英语课堂上，外籍教师(以英语为本族语)说的话就可以称为“外国人话语”，而中国英语教师说的话则不能称为“外国人话语”。

二、英语教师课堂话语的功能

英语教师课堂话语分析主要是从质和量的角度分析话语使用情况和使用效果。但是，不管从哪个角度进行分析，分析教师话语主要是考察它是否起到了应该起的作用，是否实现了应该实现的功能。因此，在我们分析教师课堂话语之前，首先要弄清楚教师课堂话语有哪些功能。

课堂是学生学习知识和发展技能的主要场所，而教师话语在课堂上对学生起着最关键的作用。课堂上教师的教学行为大多数都是通过话语来实现的。我们通过语言(话语)来学习，我们用语言来展示我们的理解。作为课堂话语的重要组成部分，教师话语最重要的作用是促进学生的学习。所以，我们分析教师是否合理、有效地运用了话语，主要是分析教师话语是否与课堂教学活动的目的相吻合以及是否有效地促成了教学目的的达成。假设某个教学环节的目的是让学生尝试使用新学的语言项目进行口头表达，如果教师自己提供一些句子让学生重复，那么教师话语的使用就与教学目的不完全吻合。假设教师为了使学生理解某个语法结构的意义和用法而举了一些例子，但如果这些例子本身存在不恰当甚至错误的地方，那么教师话语的使用也不能有效地促成教学目的的达成。

传统的以教师为中心的课堂上(这种课堂现在也仍然存在)，大部分时间是教师讲解语言知识。在这样的课堂上，教师话语的重要性更是显而易见的。教师需要用通俗易懂、简单明了的话语把目标语言项目讲解清楚，同时还要举出恰当的例子进行佐证。事实上，要做到这一点并不容易。比如，一位教师在教授 headache 这个词的时候是这样做的：她向学生出示几张图片，对学生说："Now look at these pictures．There is something wrong with the youngman' s head．So we say "he has a headache．" 另外一位教师在教授这个词的时候，希望通过创设语境和举例来帮助学生理解。她说："Today I don't feel very well．I didn't sleep well yesterday．Oh my head hums．My head hurts．　I've got a headache．"。假如学生以前从来没有接触过 headache 这个词，恐怕这两位教师的做法都不能让学生真正理解 headache 的意思，因为 something wrong with the head 的意思是"脑袋出了问题(毛病)"，而 my head hurts 可能表示"头部受伤后疼痛"，而不是"头痛"的意思。

目前，英语课堂教学正在逐步地从以教师为中心的教学转向以学生为中心的教学模式。在以学生为中心的课堂上，教师的主要角色不再是讲解语言知识，而是组织课堂活动，给学生创造语言实践的机会，并给予学生必要的指导和帮助，但这并不意味着教师的任务轻松了。相反，在这样的课堂上，教师本人的组织能力、语言能力受到更大挑战。一方面，教师从传统角色转向新的角色时，肯定有一个不适应的过程。习惯于并擅长讲解知识的教师，在组织课堂教学活动、参与学生活动以及与学生互动时，往往会觉得不能像以前那样得心应手地运用话语。这就是为什么一些教师在与学生互动的过程中有时不自觉地回到教师讲解的教学模式。另一方面，作为组织者、参与者和帮助者，教师需要以不同的身份使用话语，甚至需要使用不同风格的话语，其难度和挑战也超过了以往单一的作为知识讲解者的话语要求。

总之，无论是在传统的课堂教学中，还是在以学生为中心的教学过程中，教师话语都起着十分重要的作用。

现有文献在探讨教师课堂话语的功能时，往往以经典的IRF教师话语结构为理论框架，即提问—回答—评估(Initiation—Response—Feedback / Follow-up)。在这个结构中，教师向学生提问以检查他们的知识掌握情况或引导他们发言，学生作答，然后教师给予反馈，对学生的回答做出评估。在这一经典理论框架的影响下，教师课堂话语研究者主要围绕课堂提问和反馈开展研究，比如，研究话语量、提问类型(参考性提问和展示性提问)、提问后的等待时间、教师反馈方式。由于学生的回答不是教师的话语，所以教师话语分析一般不涉及学生话语。当然，为了便于讨论，本书有时也会把教师话语与学生话语一起分析。

其实，如果略微仔细的回顾大多数英语课堂上的各种教学环节和活动，我们就不难发现，英语教师在课堂上说的话远不只是提问和反馈。比如，教师在介绍教学内容、教学目的以及说明活动步骤和要求时讲的话，就不一定包括提问和反馈。也就是说，IRF 教师话语结构只在课堂教学的某些环节出现，并非代表所有的教师话语使用情况。何安平根据教学功能把教师课堂话语分为提问语、反馈语和演示语三大类。其中的提问语和反馈语与IRF教师话语结构中的提问与反馈比较接近，演示语则是指讲解教学内容的话语(如解释生词、课文和语法规则)和组织课堂活动的话语(如布置课堂上的练习活动、课后作业和维持纪律等)。

在英语课堂上，教师话语不仅是教师组织课堂教学的工具，同时还是学生可理解语言输入的一个主要来源。一些研究者指出，教师话语的重要作用之一是引导和组织学生积极参与各种交际活动，为学习者创造交流信息、表达思想的环境和机会，使他们通过交际和意义协商促进语言习得。二语习得理论从不同角度揭示了不同形式的课堂交互对语言习得的影响，从这些理论我们至少可以得出这样一个结论，那就是以利于促进语言习得的课堂(话语)应具备以下几个特点：①能为学习者提供用目标语进行交流的机会，使他们通过有意义的语言运用习得语言。②课堂交际形式能够最大限度地为学习者提供可理解的语言输入。教师和学习者都能采用有效的交际策略使自己的语言可以被他人理解。③鼓励意义协商，当交流出现问题时，教师应通过交互调整(如使用确认核实、澄清请求等)鼓励学习者重新组织自己的语言。

事实上，教师在课堂上每说一句话，都不可能只有一种功能。比如，教师在讲解语言知识的过程中使用的话语，既有呈现知识的功能，也有语言输入的功能。Spratt 等人列出的教师课堂话语功能包括指令、解释、叙事、启发、提示、纠正、检查、呈现新知识等。显然，这些功能是从微观的角度来看待教师话语的使用目的。

如果从功能的角度对英语课堂上教师话语进行分类的话，要充分考虑课堂教学所有环节中教师可能使用的话语。从教学过程和教学环节来看，英语教师课堂话语大概有以下几方面的功能(也可以说是教师话语的类别)。

(1) 介绍教学内容和教学目的：介绍本节课的主要内容、教学目的、计划开展的活动等。

(2) 导入新知：介绍与新授内容有关的话题和背景知识，使学生在新旧知识、经验之间建立联系。

(3) 讲解语言知识：通过陈述、提问、解释、反馈等方式把知识传递给学生或者帮助学生建构知识。

(4) 组织活动：介绍教学活动的步骤、要求等，宣布活动的开始、结束等；组织学生报告活动的结果；对学生完成活动情况的评价。

(5) 提供语言输入：教师为学生提供必要的语言输入，如示范、举例、领读、叙事。

(6) 维持课堂纪律：维持正常课堂教学秩序和课堂纪律，以使教学活动顺利进行。

第二节　英语课堂教学话语研究的意义

教师话语是教师实施课堂教学的主要手段和媒介，同时也反映课堂教学的过程和方法。所以，研究教师课堂话语有利于我们更好地了解课堂教学的实际发生情况。话语反映人的思想，反映人的内心世界。教师的课堂话语在一定程度上反映了教师的基本素养，反映了教师的教育教学理念，反映了教师专业发展的过程。

所以，研究教师课堂话语也是研究教师和教师发展的重要途径之一。

一、对于教学研究的意义

影响教师教学效果和学生学习效果的因素很多，其中教师话语是重要因素之一。正如何安平所说，英语教师的课堂教学语言直接影响到教育的质量和水平。语言在人的认知发展和社会化过程中起着至关重要的作用。课堂上教师的话语使用是否得当，直接关系到课堂教学是否有利于促进学生的学习，特别是有效地帮助学生建构知识。课堂上的教与学的过程是一种互动的社会过程。在这个过程中，教师话语既是主要的教学媒介，也是学生重要的语言输入。教师话语的质与量、话语运用的时机等直接关系到这种互动的社会过程能否顺利进行，关系到学生语言能力的发展。Kraker 指出，研究课堂教师话语是研究课堂教学效果的重要途径之一。教师话语所占课堂学时高达 70%~80%。研究英语课堂教学中教师话语作为语言输入的质量、作为教学媒介的交际模式的选择具有重大意义。

目前，语言教育界普遍认为，互动是语言学习的最重要过程。但是，究竟什么是互动？互动中教师和学生分别应该扮演什么角色？话语在互动中究竟起什么作用？要回答这些问题，我们必须走进课堂教学实践，考察课堂上实际发生的事情，其中包括话语的使用情况。课堂话语分析能使我们更加清楚地认识师生互动的本质。深入细致地分析教师课堂话语的语言特征、探讨师生如何更好地在课堂中共同创造学习机会的课堂话语微观分析，在西方教育界和应用语言学界引起了广泛的讨论，并已进入对有关理论与方法的反思阶段。

然而，从目前的情况来看，很多教师的课堂话语不利于学生的学习，但教师并没有意识到这一问题的严重性。比如，在很多教学活动中，教师首先提问，随后很快简化提问方式，或重复问题，之后自己回答。这样自问自答的教学实际上剥夺了学生宝贵的学习机会。一些教师在课堂上希望通过示范、举例等方式来使学生理解新的知识，但由于话语使用不合理，或者没有让学生参与到知识的建构过程之中，导致学生理解失败。比如，一位小学英语教师在教授 What can you do?

I can…这两个句型时，反复给学生说 What call you do？I can sing / dance / read / write / jump。其间还做了一些相关的动作。教师说得津津有味，学生也似乎明白了教师的意思。但事后访谈学生时，他们以为教师的意思是“你喜欢做什么？我喜欢唱歌”“你要干什么？我要唱歌”“你在干什么？我在唱歌”等。这个例子说明，要提高教师话语组织和实施课堂教学活动的成效，教师需从学习者的角度出发，让学生与教师互动，使学生参与到共同建构知识的过程。仅凭教师单向的话语很难达到教学目的。

因此，正如黄小苹所指出的，对课堂话语语言特征的测量(分析)，可以帮助我们认识某种教学模式或教学活动是否促进了学生的课堂互动，从而检验教学的有效性。近年来，由于二语习得的理论研究往往与教学实践脱节，要求对课堂实际学习过程和情况进行跟踪分析的呼声越来越高，所以对课堂的研究已成为二语或外语教学研究的重点。研究课堂上教师话语的使用情况已经成为当前外语教学研究的热点之一。

二、对于教师教育研究的意义

教师课堂话语与教师的教学理论水平、教学实践能力、教学方法的运用等有着密切的关系。教师的课堂话语水平是教师专业素养(能力)的重要组成部分。同时，教师课堂话语使用情况又能反映教师的教学理论水平、教学实践能力和教学方法的运用。教师课堂话语研究已经成为教师教育研究的重要组成部分。一些大学的职前教师教育专业还专门设置了旨在提高教师课堂话语能力的课程模块。教师入职后，如果坚持作课堂话语分析，不仅可以了解教师课堂话语的使用情况，发现教师话语中存在的问题，帮助教师逐步提高话语使用质量，还可以跟踪教师的发展历程，了解教师在各方面发生的变化。

具体地讲，教师课堂话语研究对教师有以下几方面的意义。

(1) 教师阅读有关课堂话语分析的文献以及分析自己的课堂话语，有利于他们更好地了解自己的教学方法和过程。当然，教师不应该仅仅是阅读别人作的课堂话语分析，教师应该自己学会如何进行话语分析，分析自己和同行的话语。

(2) 通过分析自己在课堂上的话语，教师可以更好地了解自己与学生在课堂上的关系，了解学生在课堂上的学习过程、学习感受，进而增进教师与学生之间的相互理解。分析教师自己的课堂话语，可以帮助教师了解自己在课堂上的内心世界(心理活动、思维过程)。

(3) 通过分析自己的课堂话语，教师可以了解自己的课堂话语的质量和效果。比如，一位教师在课堂上说了 30 次 Sit down please。教师在课堂上可能没有意识到，但如果在课后进行话语分析，就可能注意到这种话语其实冗余成分很多。

(4) 分析同行的课堂话语，有利于教师理解同行的教学方法，比如，如何调动学生的积极性，如何提高学生课堂参与的程度。

(5) 通过课堂话语分析，教师可以更加全面地认识自己的教学经历与经验，认识自己所从事的教育教学工作的意义与价值，为教师追求终身专业发展奠定基础。

教师教育研究者研究教师课堂话语的目的是促进教师提高课堂话语的使用质量。如果能让教师亲自参与课堂话语研究，对教师的作用则会更加有效。Macaro 和 Mutton 做了这样的研究：他们在两个月内对两位教师的 3 节英语课进行录像，之后他们给这两位教师提供了根据每节课录像转写的文字，提供每节课教师讲话的时间和学生讲话的时间分配情况，提供有关话轮持续时间的信息(即每次说话的持续时间)，提供有关教师和学生在说话时动词和名词的使用情况比例。这两位教师则做以下事情：①观看教学录像；②仔细阅读根据录像转写的文字；③分析他们课堂上的讲话时间分配情况；④分析他们课堂上的话轮情况；⑤分析讲话中动词和名词的使用情况；⑥根据前面 5 项内容完成一份简单的问卷。通过上述活动，这两位教师课堂话语使用情况有了明显改进，比如教师说话的时间减少，学生的话轮持续时间延长。Macaro 和 Mutton 的研究表明，分析教师课堂话语有助于教师的专业发展。

本书是对中国语境下英语教师课堂话语的初步研究，主要目的是从理论上探讨英语教师课堂话语的特征(应具备的品质)，结合实例分析英语教师课堂话语中存在的问题，同时引导读者进行反思，掌握分析教师课堂话语的基本方法。

第三节 英语课堂教学话语研究的方法

目前，课堂话语研究已经发展成为应用语言学的一个重要领域，而且有专门的术语，即课堂话语分析(classroom discourse analysis)。随着这个领域的研究不断发展，研究者已经开始关注这个领域本身的研究方法的问题。当一个研究领域蓬勃发展的时候，其方法论也必将成为研究者不可回避的问题。国际著名的学术期刊 *Applied Linguistics* 在 2002 年出版了关于课堂话语分析的专刊，其主题为“Microanalyses of Classroom Discourse：A Critical Consideration of Method”。该专刊集中讨论了课堂话语微观分析的途径和方法。当然，课堂微观话语分析的重点是分析学生话语，不是专门针对教师话语分析的。除了学术期刊上的文献以外，目前还出版了大量关于课堂话语分析的著作。

一、教师课堂话语分析的主要方法

所谓话语分析，就是分析人们说的话。具体而言，就是分析人们在什么场合、对谁、以什么方式、说什么话以及人们说话的目的、意图和产生的实际效果。课堂话语也是一种话语，但是它与一般的话语有很多不同之处。因此，课堂话语分析既需要借鉴一般的话语分析方法，同时还要考虑课堂话语的特殊性，特别是英语作为外语的课堂话语的特殊性：英语课堂上的话语既是组织和实施教学过程的媒介语言，又是课堂教学的内容与目标。

早期对教师课堂话语的关注主要是在教师话语的“量”上做文章。为了给学生创造尽可能多的说话机会(学习机会)，一些外语教学理论主张教师在课堂上尽可能少说话，让学生尽可能多说话。这样，“最好”的教师话语就是“最少”的教师话语(“Good” teacher talk means “little” teacher talk)，好的语言教师就是“不说话的教师”(the silent teacher)。但是，这种“越少越好”的观点并非没有争议。实际上，大多数一线语言教师在课堂上说话的时间仍然占有很大的比例。经过一段时间以后，“越少越好”的观点开始受到研究者的质疑。因为，在语言课堂上，话语起着双重作用。它不仅是教师组织和实施教学使用的语言(即教学的工具)，而且是学生学习的过程和内容。学生与教师通过话语进行的互动过程就是他们学习使用语言的过程；他们在互动过程中使用的语言也是他们学习的内容。正如O'Neill(1994)所指出的，在语言能力发展的某些阶段(应该是初级阶段，笔者注)，教师的话语可能是学生最重要的语言输入。因此，主张教师在课堂上说得越少越好的观点是错误的。对教师课堂话语的关注不应该过于关注话语的“量”，而应该更多地考虑话语的“质”。

受这一观点的影响，对教师话语的关注逐渐从量的研究转向质的研究。研究者不再只是关注课堂上教师说了多少话，学生说了多少话，以及他们说话所占时间比例是否合适(不过国内最早开始的研究还是从这方面着手的)。目前，关于英语课堂上教师究竟应该说多少话的问题，仍然是一个没有定论的问题(也许是一个永远也没有答案的问题，或是根本不需要回答的问题)。尽管如此，大多数研究者已经对“多少”的问题逐渐失去兴趣，而是研究教师话语的质量问题。研究的主要问题是：哪些教师话语有利于促进学生的学习，哪些话语可能妨碍学生的学习。换句话说，教师课堂话语分析主要是探讨教师课堂话语的有效性。一般从以下三个视角开展研究。

(一) 语言学视角的研究

这类研究关注的主要问题是：英语课堂上教师使用的话语有哪些语言学的特征？这里的语言学特征包括以下几方面。

(1) 话语的语音特征：发音、语调、重音、语音连缀；

(2) 话语的语速：话语的速度、停顿的频率与持续时间等；

(3) 话语的词汇特征：词汇类型、词汇使用频率、词汇难度等；

(4) 话语的句法特征：句子平均长度、句子结构复杂程度、语法正确性、句子类型分布及使用频率等。

这类研究的主要结论是：课堂上英语教师的话语在语音、词汇、句法和篇章等方面与课堂以外的话语都有明显差异。由于学生的英语水平所限，英语教师(包括以英语为母语的教师和以英语为外语的教师)在课堂上往往不用正常交流时使用的语言与学生互动，而是要对语言作适当的调整。大多数教师有简化语言的倾向，比如放慢讲话速度、提高声音、有意夸张发音、延长停顿时间、减少连读(缩略)、尽量使用简单的高频词汇、一般不使用过于口语化的词汇和熟语、尽量使用简单的句型、避免使用从句。

(二) 语言教学视角的研究

这类研究主要考察教师话语在英语课堂上的教学功能(pedagogic functions)，即教师话语在各个教学环节中究竟起什么作用以及教师话语的实际使用效果。这类研究主要关注以下几方面的问题。

(1) 提问：教师所提问题的类型及使用频率、提问后的等待时间、提问的措辞；

(2) 反馈：反馈的时机、方式，对学生错误的纠正方式，对学生的鼓励和表扬等；

(3) 解释：教师在什么情况下解释语言知识、解释的方式等；

(4) 重复：教师对学生话语的重复频率、重复的原因、重复的形式等；

(5) 指令：教师指令的清晰程度和措辞。

提问是教师课堂话语研究领域中开展得最早，也是研究得最多的一个问题。最经典的理论是将教师课堂上所提的问题分为两大类，即参考性问题(referential questions)和展示性问题(display questions)。参考性问题一般无确定(固定)答案，学生根据自己掌握的知识进行回答，可以各抒己见、自由发挥。展示性问题一般有确定的答案，教师期望学生说出那个确定的答案。参考性问题可以增加学习者在课堂上的语言输出，从而促进语言习得，而展示性问题在课堂以外的环境中很少使用。因此，为了使课堂上有更多的交流，大多数学者认为教师应少使用展示性问题而多采用参考性问题。

教师话语的一个重要功能是在学生回答问题后进行反馈，即教师对学生的发言进行理解性的反应，作出评论或进行纠错等。反馈可分为积极反馈和消极反馈。积极反馈比消极反馈更有助于改进学习者的行为，因为它能使学生知道他们正确地完成了任务，从而增强自信心与学习动机，更愿意参与课堂活动，而且大部分学生都希望自己的表现得到肯定。有的教师对学生的错误不直接指出，而是采取间接的方式，若是内容方面的错误，就让其他学生补充作答，若是形式方面的错误则由教师自己用正确的形式重复学生的话语。

除了提问和反馈以外，研究者对教师话语中的解释、重复和课堂指令也进行了大量的研究。关于这些研究的文献非常丰富，本书就不再综述了。

（三）话语分析视角的研究

这类研究主要是以话语分析理论为基础，分析教师课堂话语使用的恰当性和实际效果。黄小苹(2006)对这类研究的方法作了一个较全面的综述：此类分析继承了会话分析的语料收集传统，即研究所依据的材料仅限于对课堂互动活动的录音、录像，一般不使用应用语言学和教育科学研究中常用的问卷调查、统计分析、试验等方法。为了避免研究者把自己先入为主的假设强加给课堂交际行为，课堂话语会话分析坚持对收集到的录音资料进行转写，认为这是十分重要的语料描述手段。课堂话语会话分析重视考察特定的语境因素对课堂话语结构的影响，它们往往通过对有关课堂话语结构的描述，并将其与自然环境中的相关话语进行对比，来确定语境因素对课堂话语行为的实际影响。

话语分析视角的教师课堂话语分析一般是质的研究，而不是量的研究。一般采用描述性语言来报告研究结果。根据张敏(2002)的研究，教师话语表现出内容的计划性，结构严谨，以规范的口语为准绳，尽力避免语言错误，自然言语则具有即时性，交谈内容较为随便，侧重于语言的意义与功能，较少对语言形式的刻意追求。有的学者认为，话语分析视角的教师课堂话语分析不可避免地具有一定的主观性。

二、国内现有研究现状

目前，教师课堂话语研究普遍采用实证性研究的模式。教师话语的研究大多利用自然研究法，采集某一特定课程如精读、泛读、口语或者听力等一定量的课堂录音样本和问卷调查数据，通过数据分析，探讨有关英语教师话语的种种内在问题以及教师的课堂角色与学习者语言习得的关系。这些数据虽然覆盖面有限，但反映或部分地反映了国内二语习得课堂的方方面面，终究为教师话语研究的进一步深化提供了可贵的依据。

周星、周韵(2002)通过课堂录音和问卷调查的方法，对采用“以学生为中心的主题教学模式”的课堂中教师话语在话语量、提问方式、交互调整、反馈方式等方面的特点进行了系统分析。研究结果表明，与以教师为主导的传统教学方法相比，新的教学模式能给学习者提供更多的用目标语进行双向交际和意义协商的机会，因而更有利于语言习得。

何安平(2003)借助英语教学语料库，对英语教师的课堂话语进行了研究，并发现在不同阶段(小学、初中、高中)的课堂教学中，英语教师的提问和指令的思维认知导向有明显的差异。小学阶段偏重重复性的模仿和操练，初中阶段在注重模仿和操练的同时注意到观察和想象，而高中阶段在减少模仿和操练的同时注意到开放性的思考。但是，总体来看，要求学生重复或重现事实的话语偏多，开放型的、激发学生想象力和发散思维的问题偏少。

裴学梅、李敏(2006)从话语功能的角度进行的定量分析，就高中英语课堂互动的模式和教师话语两个方面对分层随机抽取的十名高中英语教师展开了课堂现场观察研究，结果显示，高中英语课堂互动模式主要为启发反馈跟踪(IRF)模式，互动频繁，且成功率高。教师常用问题启动交互，采用意义协商、及时反馈、元语言和体态语等来维护和平衡交互。

翁晓梅、于应机(2007)采用定量描述和定性分析的方法，揭示了大学英语教师话语对课堂互动的促动作用及其影响，主要研究与课堂互动紧密相关的几个问题：教师话语量；教师话语句子特征；教师话语的内容和功能。

胡青球(2007)采用课堂录音的方法，描述性地研究了优秀英语教师英语课堂的话语特征。结果表明其特征如下：课堂话语时间并非全由教师支配，同时也有学生参与会话的时间；参考性提问普遍多于展示性提问；大部分会话结构较为复杂，但是 IRF 结构仍占一定比例；话语性反馈比例略高于评价性反馈。

咸修斌、孙晓丽(2007)采用自然调查的方法，以 6 位优秀教师的教学实录光盘作为样本，对其从话语量、提问、交互调整和意义协商、反馈及 IRF 话语链等方面的特点进行系统的分析，结果显示：优秀教师的课堂话语差异很大；教材本身并不能决定课堂话语的特征，起决定作用的是教师的教育观念；即使是以学生为中心的课堂话语也不完全具备自然谈话的特点。

喻红(2007)对国内课堂环境下的外语教师话语分析方面的研究做了一个较为全面的综述，分析了教师课堂话语分析的理论基础与研究现状。在综述现有研究的基础上指出，目前我国外语教师课堂话语分析研究集中在教师话语互动特征的研究上，研究对象也相对地集中在高等教育阶段。对于教师话语如何从认知角度来促进语言习得，以及教师话语如何促进意义协商等领域的实证性研究则较弱。

国内关于英语教师课堂话语的研究已经引起了外语教育研究者的广泛关注，而且已有大量的研究成果。但是，依笔者所见，国内关于英语教师课堂话语的研究存在以下几方面的不足。

(1) 大多数研究采用量化的研究方法，通过数据统计来考察教师的话语量、提问类型与频率、交互方式、反馈方式等；一部分研究探讨了教师的话语在语音、词汇、句法等方面的特征。也就是说，目前的研究主要是语言教学视角的研究和语言学视角的研究。从教学视角进行的研究只关注教师话语的教育教学功能，而语言学视角的研究只关注话语中微观的语言特征，很少有将二者结合起来进行研究的。另外，这类研究重复现象突出，所得结论大同小异。

(2) 现有研究主要是根据国外的理论框架，考察教师课堂话语中提问、反馈、纠错、互动模式、课堂指令等方面的问题，但是这些并不代表教师课堂话语的全部。比如很少有研究者关注教师在课堂上叙事、讲解语言知识、与学生交流、组织课堂活动等过程中的话语使用情况以及在这些情况下话语使用的实际效果。

(3) 以统计数据为主要结论的研究结果在学术研究上具有一定的意义和价值，但是对指导一线教师如何提高课堂话语的质量的作用非常有限。现有的研究主要是报告研究结果，有时也以少数课堂教学片段为例进行阐释，但对教师课堂话语本身进行具体分析的研究非常少见。如果不对教师课堂话语进行深入、细致的研究，教师仍然不知道他们的话语存在什么问题。比如，即使一位教师在课堂上很好地把握了提问的时机，提问的类型也比较丰富，参考性问题和展示性问题使用得当，但这些并不能保证提问达到预想的效果。因为提问是否能达到效果还要看问题本身的设计，包括问题的措词(wording)。在课堂上一些教师提问以后学生无法回答，不是因为问题太难，而是因为问题本身措辞不当，导致学生不知道从什么角度寻找答案。

(4) 在现有研究成果中，一些质量较高的研究一般采用应用语言学的研究路径和学术规范，这类研究学术性很强，但不太适合一线教师阅读，特别是不适合中小学英语教师阅读。这些研究一般以数据分析和讨论为主，偶尔会结合少量例子进行讨论，但通常不对教师课堂话语中的具体问题进行细致的分析和讨论。因此，这类研究成果对指导一线教师如何提高课堂话语质量的意义有限。

三、研究的目的和方法

前面谈到的国内现有研究的四个方面的不足，既是现有研究存在的问题，也是本书希望克服的几个问题。本书作者以为，为了帮助一线英语教师了解自己的课堂话语使用情况，发现课堂话语中存在的普遍问题，逐步提高课堂话语的质量，需要一本理论结合实际的英语教师课堂话语分析通俗读本。具体而言，这样的一本书应该满足以下要求：①大多数一线英语教师(特别是中小学英语教师)能够读懂；②既有理论基础，又有大量的结合实例的分析和讨论；③所分析的语料来自一线教师的实际课堂教学，而且具有广泛的代表性；④既指出教师课堂话语中存在的问题及产生问题的原因，又提出可能的改进建议。

现有的教师课堂话语研究已经取得了一些成就，但是，话语分析的研究重点应该从简单的量的研究(根据话语的功能进行分类并统计使用频率的研究)转移到质的研究，特别是研究教师课堂话语在组织教学过程中的有效性、在建构知识过程中的有效性以及教师课堂话语与自然话语的差异。这些内容也是本书的主要内容。

英语教师课堂话语分析可以视为话语分析的一个分支。因此，本书作者主张采用话语分析的方法来研究英语教师课堂话语。但是由于教师课堂话语分析这个研究领域的特殊性，其理论基础和研究方法、研究手段不可避免地要联系相关的语言学理论、语言习得理论和语言教学理论和教师教育理论等。

本书的理论基础主要来自三方面。第一，近年来第二语言习得研究的理论成果；第二，基于互动理论和交际理论的外语教学理论；第三，语篇(话语)分析理论。

第二语言习得理论不仅关注语言学习者内部的语言处理机制，而且关注影响语言习得的外部环境和因素。在众多的影响语言习得的外部因素中，教师话语的影响尤为突出。教师的话语是语言学习者重要的可理解语言输入，教师根据课堂上学生的理解情况不断调整自己的话语，使其话语既能被学习者理解，又能为学生提供丰富的语言输入。教师的提问、启发和引导能够促进学生进行语言输出。教师的纠错、重说、请求澄清等话语行为能够促使学习者注意到语言表达中的缺陷并进行修正。教师与学生互动式的语言交流有利于学生建构知识。教师直接的语言讲解有利于学习者内化在无意识习得过程中自然积累的语言知识。鉴于教师话语在众多方面直接或间接地影响语言习得，教师话语必须适应语言习得的需要，而不是妨碍学习者的语言习得。那么究竟什么样的教师话语对语言习得起积极促进作用就是一个值得研究的问题。

本书首先根据二语习得、外语教学和话语分析的理论和实践研究成果以及已有的教师课堂话语分析研究成果，归纳出英语教师课堂话语应该具备的四个重要特征：真实性、互动性、逻辑性和规范性，并讨论这四个特征的具体表现以及英语教师课堂话语为什么要具有这些特征。对这四个特征的阐述构成本书的基本理论框架。其实，已经有很多研究者从不同角度归纳了教师课堂话语的特征。由于这些研究者采取的视角不同，所以归纳出的特征也大相径庭。比如 Walsh(2006)归纳的四个特征是：①控制交际的范式(即教师控制课堂交际的内容和方式等)；②引导(即教师通过提问等方式引导学生说话)；③修正(教师修正学生的话语)；④调整(教师根据需要调整自己对学生说的话)。显然，Walsh 采用的视角是教师课堂话语的功能，即从教师课堂话语在课堂上的教学功能来归纳课堂话语的特征。本书归纳的四个特征则是话语视角的特征(discoursal features)，当然也会涉及话语的功能。

建立上述理论框架之后，本书主要从四方面具体分析英语教师课堂话语实例。具体的做法是：浏览收集到的英语教师课堂话语语料，根据真实性、互动性、逻辑性和规范性来考察教师课堂话语的使用情况，重点分析语料中存在的问题。

本书采用的语料主要有以下几种来源：①根据课堂录音或录像转写的文字实录，其中主要是华南师范大学外文学院开发的《中学英语教育语料库》(MSEE)和 2016 年全国高中英语教学观摩中的 16 节课；②教师课后的教学实录(文字)；③中小学英语教师的教案，这些教案中有一些课堂上使用的例句和教学指令语。

根据课堂录音或录像转写的文字实录能够让我们看到课堂互动是如何以一种动态的方式发展的，因此，基于转写的文字进行的课堂话语分析与单纯的进行标记和统计的量的研究相比，具有优越性。本书在讨论中使用了大量的课堂话语实例，这些实例占用了相当大的篇幅，但是如果不结合实例讨论，我们的分析将没有说服力，因为很多重要的信息来自话语本身。

第四节　英语课堂教学话语中经常出现的问题

一、导入环节教师话语的拖沓现象

课堂教学时间非常宝贵，课堂话语应尽可能简洁。但是，我们在考察语料的过程中，发现教师课堂话语的拖沓现象比较普遍，而导入环节的话语拖沓现象更为突出。

目前英语教师都非常注重课堂上的导入环节。上课伊始，教师不是直奔主题，而是以一些师生互动式的交流来引入目标语言项目或目标话题。比如，为了引入环境保护的话题，教师先向学生出示一些环境受到破坏或污染的照片，通过描述和讨论这些照片过渡到环境保护的话题。这样的导入环节有利于学生激活已有的知识与经验，为后面的学习活动做必要的铺垫和准备。一般来讲，导入环节应该简短，而且应该与后面要学习的内容有直接的关联。另外，导入环节的话语应该尽可能真实。也就是说，师生之间的话语应该是一种尽可能自然的交流。有些教师在导入环节只考虑到自己希望导入的内容，而忽视导入环节语言的简洁性。请看一位英语教师的一个导入环节：

T：OK.I think you are so clever. I like you very much. I want to make friends with you. Would you like to be my friends？

SS：Yes.

T：When I go back，I'll call you. (这位教师在另外一个城市借班做观摩课)

Look，this is my telephone number. (卡片正面写着 a telephone number)

My telephone number is 8357854. (卡片反面写着电话号码)

T：Do you have a telephone number？ If you have a telephone number，please write it down. (稍后教师继续说话)Excuse me! What's your telephone number？

S1：My telephone number is…

这个片段的主要教学目的是教学 telephone number 和认读电话号码(数字)。为了导入 telephone number，这位教师做了一个很长的铺垫：I think you are so clever. I like you very much. I want to make friends with you. Would you like to be my friends？ ...When I go back I'll call you. Look，this is my telephone number. 这样拖沓的导入话语不仅会占用过多的课堂教学时间，而且不能使学生把注意力集中在教学重点上。当学生听教师说 I think you are so clever...When I go back，I'll call you 这段话时，他们关注的重点是教师对他们的夸奖以及今后他们可能与教师之间的友谊。从话语理解的角度看，很多学生(包括参加观摩课的其他教师)可能不理解教师为什么要说这段话。当然，到最后听到 this is my telephone number 并看到教师出示单词卡片时，大多数人才意识到这位教师的真实意图。但在这最后一刻之前恐怕很多人都处于困惑状态，困惑肯定会影响对话语的理解。这个片段给人的总体印象是教师话语不够真实，有“虚情假意”之嫌。课堂上不真实的话语不仅会使课堂教学缺乏趣味性，而且不利于学生的理解。

真实课堂话语的重要特征是师生之间的真实、自然的交流。在交流的内容、形式、目的等方面应尽量做到真实。导入环节的主要目的是师生交流、共享已有的知识与经验。因此，导入环节的课堂话语尤其应该注重真实性。但是，很多教师的导入话语与真实话语有较大的差距。请看一位高中英语教师在一次观摩课上的导入环节：

T：Good morning，everyone.

SS：Good morning，teacher.

T：Sit down，please. First of all，I want to say I'm very happy to meet all of you in this beautiful coastal city of Qingdao. It is Sunday. I'm so sorry that you took all the trouble to come here to work for me. So thank you very much. I really appreciate your help and your kind. Now let's get down to business，all right？ Today is my first day in here. I miss my son very much. So last night I called him，I wanted to talk to my son，but just after we exchanged a few sentences or greetings，my son started to shout "Mum please，I want to leave，I want to play computer games". Then he dropped the telephone and ran away. So can you guess how old my son is？

S1：Nine.

T：OK. And you？

S2：Twenty.

T：Twenty？ Do I look that old？ Actually he is only 4 years oil. So this is my son，four year old，who has already got in touch with computer games. Now I want to know how old you were when you first got in touch with computers.

SS：...

这个导入环节涉及的内容有：授课教师对学生致谢，感谢他们周日来参加观摩课；教师到达观摩课举办地点之后对家人的思念、与儿子通电话的过程、儿子结束电话的原因、电脑游戏等。表面上看，这位教师说的每句话都是相互关联的，而且彼此衔接得也很自然。但是，这种记流水账式的导入话语并不能起到良好的导入效果。在这个过程中，大多数学生会有一个困惑：老师为什么要说这一连串的话？像这样的导入交流实际上是不真实的交流。特别是教师最开始的一段独自式的陈述，大部分内容不是学生关心的内容，也不能引起学生的互动与交流。请看另一个教学片段：

T：How do you like this song？Very well？ Kelly，what do you think？ Do you like this song？ Do you know the name of the singer？

S1：Sorry，I don’t know.

T：It's OK. Does anybody know the name of the singer？

S2：His name is Robbie Williams.

T：Exactly. Do you know the name of the song？

S2：A Better Man.

T：A Better Man. Oh，my god! Gentleman，A Better Man . Think abou it.Well，and since he is a singer，and we don't know much about him，but he is a singer.Hum，Pulling，would you like to be a singer in the future？

S3：No.

T：What would you like to be？

S4：I want to be a scientist.

这是一节课的开始部分。教师先让学生听了一首英文歌曲。之后，教师问学生是否喜欢这首歌，是否知道歌手的名字以及歌曲的名称。最后，教师问其中的一个学生将来是否希望当一名歌手，学生回答说希望当一名科学家。那么教师与学生的这一连串的互动的目的是什么呢？大多数读者可能推测这个导入环节的目的是为了引入关于音乐或歌手的话题，但实际上本节课的话题是职业。虽然歌手也是一种职业，但通过听歌、讨论对歌曲的喜欢程度以及歌曲的名称和歌手的名字再过渡到职业，这样的导入也未免太牵强了。类似的情况还有很多，而且有的导入环节持续时间更长。以下是一位英语教师在一次观摩课上做的一个导入环节：

T：Good morning. I’m very happy today. I know ××× is a very beautiful city，and I’ve got many beautiful pictures of ××× in my computer. Let’s enjoy them，OK？Please tell me their names together，OK？What’s it？Use your microphone，OK？Who knows？ Please tell me. Tell me，OK？Please. English is OK.

S：中文是五月风。英文我不太清楚。

T：English is OK.

S：May Wind.

T：Um，May Wind. Is this its name？ Can you tell me its Chinese name？ Ah，so，Wuyuefeng，right？ Next，OK，thank you. OK，thank you. And，what's it？

S：I don't know its English name，but I know its Chinese name.

T：OK，Chinese is OK.

S：It's 栈桥.

T：OK，thank you. Go on. What's it？ Please. You don't have(the microphone).Thank you.

S：I don't know clear. Maybe seaside or something else.

T：It's a beautiful seaside，right？ And anyone who knows its name？ Maybe you know？

S：I also think it's a seaside.

T：OK，I'll go to that place someday. And this？ Now that group，Sandy，would you try？

S：I don't know the name，but I think some beautiful house，houses.

T：It's house. Urn，anyone who knows？ You know，um，×××，please？

S：Uh，I don't know the name，but there are many buildings in the picture.

T：OK，urn，maybe someone told me，it's a church. Right. (Hehe...) And the last one. You laughed. So tell me，what's it？

S：It's our school，No.2 Middle School.

T：OK，thank you. You are so lucky because your school is so beautiful. Now you see it is very easy for me to share my pictures with you. Why？ Because I'm using a computer，yes. Um，yes，the computer can help us do a lot of things，right？ Um，do you also use computers often？

在这个导入环节中，教师通过电脑和投影仪向学生展示了一系列图片，并以师生互动的形式描述图片的内容(在实际教学中，虽然学生对图片中的内容非常熟悉，但都不能用英语描述，实际效果并不理想)。当时观摩的教师和大多数学生并不知道这位教师为什么要学生描述图片的内容，师生互动缺乏交际目的。在这个导入环节的末尾我们才明白，这个描述图片的过程只是为了说明电脑的作用：由于使用了电脑，所以我才可以与你们分享这些图片(Now you see it is very easy for me to share my pictures with you. Why？Because I'm using a computer，yes．)，从而导入本课关于电脑的话题。

下面是一个非常类似的导入环节：

T：...But I would tell you something different. I would say that I like March best. Do you know why？Could you guess why I like March best？

S：Because ...

SS：(laugh)

T：Oh. It doesn't matter. (laughs) And you？Have you any idea？

S：I think spring begins.

T：Yeah. Spring begins. You mean——why 1 like March best，do you know？

S：I think everything begins to grow.

T：—Everything begins to grow. You mean that—so spring comes. Good answer. Can you guess why I like March？

S：I think. The weathers gets warmer.

T：Ah. The weather is getting warmer and warmer. Right—what's your idea？

S：Flower is very beautiful.

T：The flowers are very beautiful— good. Thank you. Let me tell you this secret —I will tell you why I like March，so I like — the month March the best of all— because — my birthday is in March. OK. So that is the March 12th — ah — when is your birthday？

S：My birthday is May 19th.

T：May 19th. OK. And you？

S：My birthday is May 21st.

T：May 21st. What about you？

这个片段的大部分内容是讨论授课教师为什么最喜欢 3 月，而且师生间的互动的确涉及信息沟，学生努力地猜测教师为什么喜欢 3 月，并且给出了一些具有想象力的答案。然而，到片段的结尾我们才知道，教师的目的是为了导入 birthday 这个词。如果这个片段用来导入表示喜爱与不喜爱(likes and dislikes)的话题，那么就比较真实、自然了。用来导入 birthday 这个词就显得很牵强了。从教学效果的角度讲，这样的导入有什么弊端呢？在这个导入环节中，学生的兴奋点在于教师喜欢什么、不喜欢什么以及为什么喜欢或者为什么不喜欢。而教师最后希望学生关注的焦点是 birthday。教师的教学目的与教师使用的话语不吻合，像这样的导入环节在英语课堂上非常普遍。

这些冗余话语与后面的教学内容关系不密切。请看下面的片段：

T：Very good，students. All right，thank you very much. Take your seat. Sit down，please. Sit down，please. Ok，class，today we are going on with our revision. We are going on with our revision. OK now. Mary，could you help me please？

S：Yes.

T：Now，how many boys are there in our class today？ Could you count them please？ Could you count how many boys there are in our class，OK？ Count them，please.

S：One，two，three，four，five，six，seven，eight，nine，ten，eleven，twelve，thirteen，fourteen，fifteen.

T：Pardon？ How many？

S：Fifteen boys.

T：Fifteen boys，fifteen boys. Thank you. Sit down，please.

在这个片段的开始，教师告诉学生今天要继续上复习课(说了两遍)。突然，她要一位学生(Mary)帮忙，数一数班上男同学的人数。这时 Mary 站起来开始数人数并把结果告诉了教师。那么教师为什么要这么做呢？原来在后面的课堂复习内容里，有一个对话，对话中使用了 how many 这个表达法。教师希望通过数班级的人数让学生体验这个表达法的意义和用法。其实，这个活动中学生关注的重点是学生的人数，或者说是一些数字。数完男生人数以后，教师让这位学生数女生的人数：

T：Good. And how many girls there are?

S：Sixteen.

T：Sixteen girls. So one more girl here. Thank you. Sit down，please—you are very helpful. You help me a lot. You help me a lot. Everybody needs help.Everybody needs help. People in ××× are very friendly and helpful. I got a lot of help from them，so it's good to help others，and it is good to be helpful.Can you help your parents at home? Can you help your mother and father at home?

SS：Yes.

T：Can you?

SS：Yes.

T：Good and can you help your teachers at school?

SS：Yes.

T：And can you help your classmates in your classroom?

SS：Yes.

在这个片段中，学生把班上女生人数告诉教师之后，教师说这位同学帮了大忙(you help me a lot)，之后借题发挥，谈到大家都需要帮助，×××市的人们都很友好，乐意帮助别人，我得到了很多帮助，等等。之后还问学生是否在家里帮助爸爸妈妈，是否在学校帮助老师和同学。同样，教师之所以说这些内容，是因为后面复习的对话里有一句话：Could you help me please?

如果说上面两个片段中的冗余话语与后面要学习的内容还有一些牵强的关联的话，下面这个片段中的大部分话语则与后面的教学内容没有任何关系(片段中的×××代表城市名)：

T：Yes. Good. Sit down please. So，do you like ×××? Do you like ×××?

SS：yes.

SS：Yes. We are.

T：Yes. OK. Everybody likes ×××. It is a beautiful place and people in ××× are very nice too. Tell me. Why do you like ×××? Why do you like ××× please?

S：××× is beautiful and clean.

T：Yes. It's beautiful and clean. Yes.

S：There are some beautiful flowers.

T：Yes. There are some beautiful flowers. Right?

S：There are some parks.

T：Yes. There are some parks. Yes.

S：It's very big.

T：It's very big. You think it's big. Yes. OK.

S：It's my hometown.

T：It's your hometown. Yes. OK. All right. Please.

S：There are some in ×××.

T：Yes. OK. That's good.

S：Because it is a very nice city.

T：It's a very nice city. So，are there many shops in ×××?

SS：Yes，there are.

T：Yes，there are. There are many shops in ×××. Now，look at here，Everybody.Here，is a food shop in ×××. It is a food shop in ×××. Now，look.

这个片段的大部分内容是：教师让学生说说他们是否喜欢 ×××这座城市以及为什么喜欢。学生的积极性很高，踊跃发言，互动效果很好。但是，教师为什么要让学生讨论他们喜欢×××的理由呢？其实，教师的目的是引入 shops 这个话题。所以，在片段的最后，教师说："It's a very nice city. So，are there many shops in×××？"。遗憾的是，学生说了那么多话，都没有提到商店，最后教师自己不得不牵强地说出"There are many shops in ×××."。为什么学生没有说出教师期待的内容呢？因为某地有很多商店一般不会构成人们特别喜欢它的原因。我们再看一个类似的导入环节例子：

T：Good morning，everyone!

SS：Good morning，teacher!

T：Sit down，please.

SS：Thank you.

T：(laughs) — Now let’s see. Everyone knows I am from Beijing. I am a teacher from Beijing. Do you know Beijing？

SS：Yes.

T：Yes. OK. Would you like to tell me something about Beijing — one sentence — do you know？ Good!

S：I know Beijing.

T：I am sorry.

S：I like Beijing duck very much.

T：Beijing duck — it’s delicious，Right — good — what else that you know？(pause 5 seconds)

S：I know Beijing had many people.

T：Oh，you know Beijing has many people.

S：I know Great Wall.

T：Oh，you know Great Wall Please.

S：I know Beijing's Summer Palace.

T：Summer Palace，Summer Palace，Good.

S：I like Beijing people very much.

T：You like Beijing. Why do you like Beijing people？ Why？

S：Because Beijing people are very friendly.

T：Very good — thank you. And people from ××× are also friendly too. OK. Well，you have known a lot about Beijing because Beijing is very famous. You know famous？ (write on the blackboard for 12 seconds) famous means well known— you know？ Before I came here I was in the United States. I saw people in American know China very well，because China is famous for its long history — and delicious food. I am very happy to be Chinese. What about you？ Are you happy，too？

SS：Yes.

T：Good，So this is famous. Pay attention to your pronounce — read after me：famous.

这是一节课的开始部分。教师首先告诉学生她来自北京，之后问学生是否知道北京(很幼稚的问题)，了解北京的哪些事情，为什么喜欢北京，等等。那么这一系列围绕北京的讨论的目的是什么呢？其实教师的目的只有一个，那就是引出 famous 这个词。而这个词也是教师自己在最后说出来的。可以说，片段中的大多数话语与本课的教学内容没有关系，这些讨论对于学生学习 famous 这个词也无多大的作用。顺便提及，该片段的末尾处教师说“Before I came here 1 was in the United States. I saw people in American know China very well，because China is famous for its long history—and delicious food.”，这几句话不仅显得画蛇添足，而且也不符合实际情况。大家都知道，相当多的美国人对中国知之甚少。

导入环节中另外一个较为普遍的现象是，为了把话题引向教师希望导入的话题，教师牵强地说一些不关联或不真实的话语。请看一个教学片段：

T：... But I’m sure most of you in 2008 will be university student，no matter which city will you be at that time. You will be volunteers，most of you will be volunteers to do some contributions to the Olympic Games，right？ And you know，in 2008，who will come to China？

SS：Foreigners.

T：Foreigners. How many？ Many many，a huge number of，a great number of，right？ And they may ask you for some information about what？ About history of the Olympics and maybe about our country，right？ So do you want to know more about the history of the Olympic Games？

这是一节课的导入环节的一个部分。这节课的话题是奥运会的历史。教师以北京即将举办奥运会、在座的很多同学可能要做奥运会志愿者为切入点，让学生进入奥运会的话题。这个设计思路是非常可取的。为了从北京奥运会过渡到奥运会历史的话题，教师问学生：And they may ask you for some information about what？About history of the Olympics and maybe about our country，right？其实，外国人来参加或观看奥运会可能会向志愿者询问有关中国历史的问题，但一般不会向志愿者询问有关奥运会历史的问题。

课堂导入应尽可能简单。以下是几个比较简练的导入环节例子：

T：Class begins. Good morning，everyone.

SS：Good morning，teacher.

T：Ok，sit down，please. All right，class，tell me，do you like watching films？

SS：Yes.

T：Yes. So why not enjoy an extract from a film right now，OK？

(导入关于电影的话题)

这个片段是一节课的最开始部分。教师与学生互致问候后，教师开门见山地问学生是否喜欢看电影。得到学生的肯定回答之后，教师直接请学生观看一个电影片段，从而导入本节课关于电影的话题。这样的导入简洁、有效。我们再看一个英语教学片段的例子：

T：OK，well，class begins. Hello，everyone.

S：Hello，teacher.

T：Sit down，please. OK，today I'm so happy to meet all of you here. All of you look so great and perfect. Uh，1 wish we can have a wonderful 40 minutes. Today's topic is the secret of success. Oh，what's the secret of success？ There's a problem. Sometimes when you are nervous or in the trouble，you always make something，make you bed，but it doesn't matter. You know failure is the success'— what？Together say. Mother. Is that right？ OK. That's greatest.I think everyone is interested in the secrets of success. meanwhile，it is really a hard question，isn't it？ Yes or no？OK. But I'm sure ——I’m firmly convinced that with your good cooperation，and with your intelligence. We can explore the secrets of success successfully，OK？

这个片段中，虽然教师的开场白相对较长，但也是一个开门见山的导入。教师在简单的寒暄之后，直接对学生说：“Today’s topic is the secret of success.”。然后围绕这个话题进行了简单的互动。

二、课堂话语中的冗余现象

很多教师都知道，课堂上教师说话(讲解)的时间应降低到最低限度，这样可以尽可能增加学生说话的时间。那么，如何做到这一点呢？除了在教学设计上尽量减少讲解时间以外，教师还应该在课堂指令、示范、提问等方面尽量少占用时间。有些教师在提问、讲解等过程中，由于机械的重复太多，致使话语冗余现象突出。请看下面的例子：

T：...OK. 今天主要学了 8 种颜色。那我们现在看看图来回答我的问题。OK，now — what colour is number one？

SS：It’s yellow.

T：What colour is number two？

SS：It’s white.

T：What colour is number three？

SS：It’s orange.

T：What colour is number four？

SS：It’s brown.

T：What colour is number five？

SS：It’s red.

T：What colour is number six？

SS：It’s blue.

T：What colour is number seven？

SS：It’s green.

T：What colour is number eight？

SS：It’s black.

在这个片段中，教师一边指着黑板上的图片一边问学生图里的物品是什么颜色。一共有 8 张图，每张图一种颜色。由于这个教学环节的目的是复习 8 个形容词，所以学生口头说出这 8 个词是最关键的。然而，从师生互动所占的时间来看，大部分时间是教师提问“What colour is number one / two / three…？”。其实，这种情况下，教师问第一个问题之后，后面只需用手指向下一张图即可，而不需要机械地重复提问。像这样的情况还有很多，比如：

S：There are twelve months.

T：Twelve months. OK. Can you name the first month in a year？

S：January.

T：January. Read it — January.

S：January.

T：OK. And how about the second month？

S：February.

T：February. And the third one？

S：March.

T：March. And the fourth one？

S：April.

T：April. And the fifth one？

S：May.

T：May. And the sixth one？

S：June.

T：June. And the seventh？

S：July.

T：July. Eighth？

S：August.

T：August. And then next one？

S：September.

T：September — Aha. Read it again. OK. Don’t be nervous. September.

S：I'm sorry. September.

T：It doesn't matter. September.

S：September.

T：OK. And then — next one.

S：October.

T：October. Good.

S：November.

T：November. OK. And the last one is？

S：December.

T：December，Good. And — which is your favourite month？

这个片段的教学目的是复习 12 个月份的名称。教师完全可以直接让学生按顺序说出 12 个月，而不需要逐个提问。教师课堂话语中经常出现重复的现象，有的重复是必要的，自然交流中我们也会经常重复。但过多的重复不仅占用大量的课堂教学时间，而且会使课堂上教师话语显得不自然。请看下面的片段：

T：Yes. Just now I didn't say anything，but you could understand me very well，Why？ Because we used sign language. That's what we learn today. Lesson eighteen. The eighteenth lesson. Sign language. Sign language. Sign language is a useful language. People all over the world use it，people in every part of the world use it. Though most of them speak different languages. Though most of them spear different languages. That's to say，people in different countries speak different languages，but they all use sign language. Sign language is so useful that deaf people use it too，deaf people，you know deaf people？ A deaf man can't hear anything. There is something wrong with his ears. A deaf man can't hear anything，there is something wrong with his ears. So what’s the Chinese for deaf?

SS：聋，聋的。

T：聋的，deaf，聋的。Now once again. Sign language is a useful language. People all over the world use it. Though most of them speak different languages. That's to say，people in different countries speak different languages，but they all use one language. That is sign language. It is so useful that deaf people use sign languagr too. Understand？ Now please watch the video and then answer my questions.What do people usually use to understand sign language，eyes or ears？

这是教师介绍新课话题的一个片段，主要是向学生介绍什么是 sign language。在介绍即将结束时，教师提到 sign language 对聋哑人很有帮助，由于担心学生不知道 deaf 这个词，教师做了简单讲解。但是，确认学生理解 deaf 之后，教师又把 deaf 整个介绍几乎一字不差地重复了一遍。这种没必要的重复会大大增加教师课堂话语量，占用宝贵的课堂教学时间。如果教师的这段介绍是即兴讲话，那么第二次讲的时候应该有明显的变化，所以我们认为教师的这段话是事先准备的。这也反映一个常见的现象：很多教师在备课时把上课时要说的话都想好，课堂上就像背诵一样把这些话说出来，而不是以自然交流的形式与学生互动。

相当一部分教师课堂话语是教师组织课堂使用的语言。所谓组织课堂的话语，就是教师在检查学生出勤情况、维持课堂秩序、收发作业、请学生起立或坐下等环节中使用的话语。这些话语同时也具有语言输入的作用。从我们观察到的情况来看，一些组织课堂的话语不够准确，有的完全没有必要。请看下面的片段：

T：Good. Sit down，please — today，we are going to learn unit thirten — what colour is it — now. OK. (好了，我们已经学过四个方位介词) in，on，under，behind. OK. Now look at the pictures and answer my questions. Shu Yichi，where is the cat？

S：It’s on the box.

T：Good. Sit down，please. Picture two.×××，where is the cat？

S：It’s in the box.

T：Good. Sit down，please. Now look at picture three. ×××，yeah，where is the cat？

S：It’s under the box.

T：Good. Sit down，please. Now look at picture four. Where is the cat？×××.

S：It’s behind the box.

T：Good. Sit down，please — now — look at the pictures，and answer my questions. Now what’s this？×××.

S：It is a Car.

T：OK. Good. Sit down，please —— now，×××，what is that？

S：It's a book.

T：Good. Sit down，please —— ×××，what's this？

S：It is an egg.

T：Good. Sit down，please.

在这个片段中，每个学生回答问题时都要先站起来，问题回答完毕之后教师要说 Sit down please(本片段共说了 8 次，整节课共说了 48 次)，之后学生再坐下。我们知道，根据传统，学生在课堂上发言时要举手，得到教师的许可后要站起来，发言完毕之后须得到教师的许可才能坐下。对这种做法的意义有多种理由：第一，表示对教师的尊敬；第二，有利于维持课堂教学秩序(如果学生随意发言就乱了)；第三，站起来发言声音更大一些，以便其他同学听清楚。其实，从现在的情况来看，这三个理由都不是很有说服力。

在班级规模较大的情况下，第三条理由还说得过去。但即使这样，学生也可以在回答问题之后自行坐下，没有必要等教师说 Sit down please。学生起立、坐下以及教师说 Sit down please 占用大量的课堂时间。我们还观察到这样的课堂，由于教室比较拥挤，学生起立时还要挪动椅(凳)子。起立、坐下所花的时间比回答问题所用时间还要多。我们建议，一般情况，学生发言时不必起立，教师也不必说 Sit down please。在另外一个片段中，教师每次说 Sit down please 时，学生还要说 Thank you，之后教师说 Not at all。这些显然都是不必要的话语。再有就是有的教师在课堂上向学生提问时，经常说 Excuse me。然后提问(学生也效仿)。在日常交流中，请求帮助或打断他人说话时，我们经常会说 Excuse me，表示对对方的尊重。但是，课堂上师生提问时就不必讲客套话了。

还有一个问题，这位教师请学生问答问题，每次都点一个学生的名字。课堂上教师点学生发言属于正常情况，比如很多人都希望发言而只能允许少数人发言时，或者教师希望持有不同观点(答案)的学生发言时。在上面的片段中，每个学生发言都很简短，而且只是针对教师的问题作简短的应答。这种情况下可以允许学生自由应答。如果教师希望个别学生应答，也可以通过手势请某个学生回答(用一只手指向某个学生，注意不是用手指指)，而不必每次都说出学生的名字。每次说出学生名字不仅占用宝贵的课堂教学时间，而且影响师生互动的流畅性。

三、英语教师的课堂指令问题

现代外语教学理念鼓励教师在课堂上尽可能使用目的语(不是完全使用)，这样可以给学生提供更多的语言输入。但是，由于学生的外语水平有限，教师使用的外语应该尽可能简单。Brown(1994)指出，教师在课堂上提问时，应避免使用复杂、啰唆的句子，应尽量避免使用带有从句的复合句。何安平(2001)认为，教师的提问要根据学生的反馈情况来适当调整难度。调整难度的方法包括简化提问句子的语法结构(如将复合句改为简单句)、降低语义难度(如用简单的词汇代替较难的词汇)、给学生提供提示、迂回应用等。

我们经常看到一些英语教师在课堂上使用复杂的词语和句型。比如，一位小学英语教师在小学四年级的一堂英语课上给出了这样的指令：Read the story and underline the difficult words that you don't understand。当时，大多数学生都没有理解教师的指令。像 underline 和 difficult 这样的词汇显然不是小学生应该掌握的词汇，而定语从句更不是小学的学习内容(虽然不排除一部分学生理解定语从句的意思)。请看下面的片段：

T：What day is it today？ My first question is this：what day is it today？

S1：It's Wednesday.

T：It's Wednesday. Really — oh，thank you. Do you think what she said is right or wrong？

S2：Wrong.

T：Oh. Could you tell me the correct answer？

S2：I think it's Thursday.

T：Thursday — Thursday. OK. Fine — do you think what she said is right？ Yes or right？ Yes or wrong？ Ah，yes or no. I am sorry. Ah，yes or no. Yes. I think what she said is right. Good. So today is Thursday.

在这个片段中，教师问学生今天星期几，学生 1 回答说是星期三。教师对这个回答有些质疑，他问学生 2：Do you think what she said is right or wrong？教师使用这个复杂的句型可能会给一些学生的理解带来困难。其实，在这种情况下，教师完全可以用更加简单的语言，比如 Is she right？ Is it Wednesday？或者 Do you think she is right？遗憾的是，教师似乎没有意识到他所使用的语言的复杂程度，在这个片段中同样的句型使用了三次。

教师课堂指令除了应该尽量使用简单的语言以外，还应该使指令清楚、明确。有时教师在组织课堂活动时，由于事先准备不充分等原因，在介绍活动的要求时所给的指令不够清楚，导致学生不明白教师究竟要他们做什么。请看下面的片段：

T：... Anyway，so we so far talked a lot about the jobs，but I'm sure there are some dream jobs in your mind. So why not hold a discussion？ Four students as a group and you should write down the dream job in your mind. You know what's the dream job？ Dream job？

S：Yes.

T：OK. Let's see which group can do it most，and then，you may have the chance to show it here. You got it？ And what's more，you must have a leader in your group. You have to organize all the member in your group to take part in your activities. Is that clear？ Yes or no？

S：Yes.

T：OK. Now，let's do it. If you have any difficulties，you can consult your English-dictionary，OK？ Or you can ask the teacher directly. Come on. OK？ So in order to show it on the screen，you’d better look at here. Write down on the back of the students’ page. Try to make it tidy and clear.

T：OK，boys and girls. Time is up. So tell me how many words，how many jobs have you got? What about your group，how many?

S1：Many words.

T：Many words. What are they? How many words?

S1：Can I read it?

T：OK. So if you ire，you can read it this time.

S1：Uh，my dream job is soldier，because my father is a soldier. When I see green clothes，I feel proud of him. I like the feeling to protect our homeland.I think justness — I think justness is everyone's responsibility，and soldier is very handsome，so I want to be a soldier.

T：OK. Do you think he is like a soldier? Yes or no? Do you think he is handsome as well? OK，good. Sit down，please. But my question is to collect as many words as possible. How about your group? ...

S2：The first one，scientist. The second one，surgeon.

T：Do you know the word surgeon?

S2：Surgeon is a person who operate on other one.

T：OK，good job. What else?

S2：Dentist.

在这个片段的开始，教师让学生在小组内讨论他们梦想的职业(dream jobs)，并在纸上写下来(教师并没有说明要学生写什么)。讨论结束时，教师要各小组向全班汇报。教师说“So tell me how many words，how many jobs have you got? What about your group，how many? ”这时一个学生(S1)说“Many words。”教师说“Many words. What are they? How many words? ”。我们的理解是：教师希望学生说出小组成员提到了多少种职业，而这个学生以为教师让他说出多少单词(教师确实说了 How many words?)，所以他问“Can I read it? ”，得到教师的许可之后，学生开始描述他梦想的职业。学生回答完毕之后，教师没有对他的回答进行评价，而是向其他学生提了两个问题(Do you think he is like a soldier？Yes or no？Do you think he is handsome as well？)。之后教师说“But my question is to collect as many words as possible.”。这时候，其他学生似乎明白教师的意思了，所以第二个学生说“The first one，scientist．The second one，surgeon．”。

这个片段中，教学活动的设计思路还是基本清楚的，即学生以小组形式讨论他们心目中理想的职业并准备向全班汇报。但是，由于教师语言使用不当，导致指令不够清楚和具体。至少有三处教师本应该说 how many jobs，但他说的是 how many words。但是，更为严重的问题是这种不够清楚的指令反映教师的教学设计理念方面存在的问题：既然是让学生在小组内讨论他们心目中理想的职业，那就应该鼓励学生描述这些理想的职业以及说出喜欢这些职业的理由(我们估计学生在小组内也是这样做的)。让学生汇报时，也应该鼓励学生说出为什么喜欢这些职业。所以，很自然，第一个学生发言时就很有条理地说了说他为什么要当军人。可惜的是，教师并不希望学生这样发言，他只希望学生说出小组成员提到的职业名称，就像第二个学生说的：“The first one，scientist．The second one，surgeon.”。其实，像第二个学生的发言是没有什么实际意义的。如果学生在小组讨论时只是轮流说出一个职业的名称，那么这种小组讨论也就失去了意义。

第二章　英语课堂教学话语导入研究

作为课堂教学的第一步，课堂导入不仅可以引导学生复习已学知识，而且能预示即将学习的内容。课堂导入中的教师话语是教师实现导入功能、完成教学目标的承载体，因而研究优秀英语教师课堂导入话语具有显著的教学实践意义。

第一节　课堂话语导入的内涵及重要性

课堂导入是课堂教学中的重要一环，话语分析是研究教师教学风格、教学特点的重要工具。作为两个不同的研究领域，不同的学者进行了不同的实践，建立了不同的理论。

一、课堂话语导入研究的重要性

课堂教学是“教师有目的、有计划地引导学生能动地进行认识活动，自觉地调节自己的志趣和情感，循序渐进地掌握文化科学基础知识和技能，进而促进学生智力、体力和社会主义品德、审美情趣的发展，并为学生奠定科学世界观基础的一种活动”或是“帮助别人实现自身个性方面发展潜力的人的行为”。课堂教学是我国学生学习英语的重要途径，Chaudron(1998)就曾指明，“在中国，英语课堂教学是学生学习英语相关知识的一个主要渠道。因为英语课堂教学能够把大量的学生集中在一起，进行集体的教学。此外还并没有其他有效的教学方式能够做到这一点”。可见高质量的课堂英语教学在我国显得尤为重要。

课堂导入是课堂教学的第一步，是课堂教学成功实施的重要一环。课堂导入的重要性体现在激发学生的学习兴趣，调动学生的学习积极性，从而能够顺利地达到预期的教学效果。作为英语课堂教学的重要组成部分，课堂导入的成功与否直接关系到整个课堂教学的顺利实施。19 世纪 70 年代开始，西方就开始对课堂导入的重要性和功能进行了详细的探讨，但是在中国这样的研究还很少，特别是对英语课堂导入的研究更是少之又少。中国早已从高等教育“精英”阶段步入“大众化”阶段，但是和快速增幅的学生数量相比，教师资源还是十分匮乏。教师资源的不足必然影响教学质量，但是要在短时间内，从大量增加教师数量上解决教学质量低下的问题，显然不现实。基于此，对“优 秀教师”的研究显得十分重要，只有在岗教师通过不断地进行教学反思并学习优秀教师的教学经验，才能更好地保证课堂教学的质量。于教师而言，对优秀教师课堂导入的研究能够给广大教师在教学实践中提供一定的建议和参考，从而提高教师课堂导入的吸引力，提高课堂效率；于学生而言，好的课堂导入能够降低学生的课堂焦虑感，丰富学生的文化知识，拓展学生的思路。

课堂导入是英语课堂教学过程中一个非常重要的基础环节。在几分钟的时间里，授课教师需要让学生尽快了解到课程学习的相关基本信息，以便于学生激活脑海中已有的图式。课堂导入具有引起注意、激起动机、构建教学目标、明确任务、建立联系等功能。我国对英语教学的研究较多，但大部分是对教学方法、教学活动、教学手段的研究，对导入环节的研究相对比较少。即使近年来对课堂导入的研究有上升趋势，但综观近年的文章，大多数是教师们对自己课堂实践的总结，缺乏一定的推广性。此外，虽然国内对话语分析的研究非常多，但是专注于“优秀教师”这一群体的探究并不多见，特别是对“课堂导入”部分的话语分析与总结也不多见。鉴于此，对优秀英语教师课堂导入的话语进行研究显得十分必要。 本章将依据 Krashen、Long 的语言学理论，结合教育心理学中的图示理论，对“优秀教师”这一群体的课堂导入话语特征进行深入地探讨，旨在通过观察自然课堂，转录文字资料，总结基本规律，为今后的英语课堂教学提供一定的指导和参考。

二、课堂话语导入的内涵

课程教学是一种较为特殊的认知过程。只有遵循个人性格特点，身心发展状况，才能够有效地教学。课堂导入作为课堂教学的重要一环，是启迪新课、回顾旧课的载体。随着我国教育改革的不断深入，我国对课堂导入的相关研究也日渐增多，课堂导入已成为一些学校评价教师教学水平的重要指标之一。

（一）课堂导入的定义

俗话说，“好的开始是成功的一半”，“千里之行，始于足下”，它们强调的都是“开始”的重要，在课堂教学中亦是如此。一个好的课堂导入不仅能起到吸引学生注意、增加学生兴趣的作用，还能紧紧扣住后面的教学环节，使整个教学过程“水到渠成”。正如“导入”一词，在课堂教学中，不仅要“导”而且要“入”。“导”指的是教师根据教学内容，用一种独特的方法，激发出学生对于知识的渴求。适当的“导”，能够让学生将自己的注意力集中在课堂教学内容上，进而让学生自己主动进入课程学习的准备状态。“入”则是将学生引入到需要学习的课程内容上去。从教师的课堂导入语中，学生可以感知到接下来的课程学习内容。

学生对教师教学目标有了初步了解，就有助于他们做好学习准备，产生学习兴趣，进而主动地接受教师的启发和引导。经过这样的一个过程，就可以建立起一种师生互相学习交流的良好气氛。可见，好的课堂导入可以起到“承上启下”的作用，教师在课堂导入过程中不仅能联结学生已有的知识和经验，并且可以利用这种联结开启新的课程内容，实现教学目的。对课堂导入部分的具体界定，不同学者有不同的意见。郭芬云认为课堂导入是一种“准备动作”，为师生即将进行的思维活动做好心理准备。李森则认为课堂导入是一种“教学组织行为”，是教师和学生在此过程中所有教与学活动的通称。课堂导入不仅为师生正式进入教学环节做好一定的心理铺垫，也是对学生生理机制的一种唤醒。

对课堂导入具体时长的探讨，张耀新曾明确指出，课堂导入就是已经上课但是还未正式进入新内容学习的短短几分钟时间。肖荣把课堂导入的时间限定在3~5分钟内。

综上所述，导入实际上是课堂教学最开始的前几分钟，教师为使学生尽快进入课堂学习，参与课堂活动而进行地有目的、有计划的教学组织形式。

（二）课堂导入的方法

课堂导入的方法应是多样的，根据不同的课程安排其侧重也有所不同，Rower

和 Walters (1983)就曾指出，在“Starting the lesson”的过程中应采取多种方法来提高学生参与课堂的积极性并建立起师生之间平等自由的对话关系。赵冬梅在分析了课堂导入应实现的几种功能后，总结出三种常用的课堂导入方法，即设问讨论法，背景知识引入法，图片、音乐、视频展示法。马向辉对自己的课堂进行总结，归纳出了“生活情景导入、形象描述导入、设置悬念导入、竞争抢答导入、活跃气氛导入和多媒体导入”几种导入的方法。王致华则对英语课堂的导入方法进行归类，认为英语课堂的导入方法主要有话题背景导入法、复习导入法、自由谈话导入法、情景导入法。朱殿勇探讨了基于认知学徒制的英语视听教学导入模式，把导入方法分为情景导入认知模式、提问式导入认知模式、多媒体演示导入认知模式、律动导入认知模式和悬念导入认知模式。

总的来说，课堂导入的方法根据不同老师的教学风格或是不同课程的特点，其侧重点也不同，但综观各种导入方法，我们可以把它们大致归纳为四类，即多媒体导入法、话题导入法、温故导入法、情景导入法。

(1) 多媒体导入法即借助多媒体(如 PPT、FLASH、音频、图像、视频等)辅助手段进行导入。这种导入方法使原本抽象的知识具象化、形象化，不仅能给予教师更多的便利，也能给予学生更直观的感受，有助于课堂导入的顺利实施。

(2) 话题导入法是由教师选择与课程相关联的话题，以谈话、辩论、问题和头脑风暴等方式呈现给学生，激活学生的学习状态，使学生快速融入课堂。

(3) 温故导入法是教师较常用的一种导入方法，特别在中小学课堂尤为盛行。这种导入是为学生创造一个新旧知识相互联结的纽带，对先前的知识加以复习巩固，并由此引出新课的内容和知识，从而降低学生的焦虑感，促进学生知识的迁移。

(4) 情景导入法是为学生创造一个与课程内容和教学目标紧密联系的情景，包括以知识背景、故事、生活情景为手段为学生提供真实的环境，使学生在情景中达到交际的目的，理解新课的含义。

当然，这几种导入的方法并非割裂分离的，一次课堂导入可能会用到其中两种或两种以上的方法，比如，多媒体导入法就常常与情景导入法和话题导入法联用。

(三) 课堂导入的功能

教学导入是课堂教学的开始，其成功与否直接决定着一堂课的质量。作为新旧知识的桥梁，“导入”的作用不容小觑。如果一门新课没有导入，就好似话剧没有序幕，电影没有篇名介绍，小说没有序引。学生们进入课堂，首先必须要知道这堂课自己要学什么。如果学生怀着懵懂听课，揣着他心听讲，想必这堂课的质量也会大打折扣。要使一堂课顺利进行，充满新意、生动活泼的导入显得十分重要。只有学生了解了教师的教学目的，明白了课程的内容，才能迅速而有效地进入学习状态。20 世纪 70 年代，C.Turney 在 *Sydney Micro Skills* 一书中提出了导入的四个功能，主要包括引起注意(Gaining attention)、激起动机(Arousing motivation)、构建教学目标(Structuring)以及建立联系(Making links)。Hartley 和 Davies 在其研究中也指出:学生的注意力一般是从课堂教学开始到课堂教学进行到 10 分钟时呈上升状态，此后即呈下降状态，所以，课程开始的前 10 分钟即导入部分十分重要。好的导入不仅能吸引学生注意，还能起到维持学生兴趣的作用。

本研究认为，课堂导入的作用主要可以归纳为以下几点。

1. 引起学生注意

学生在上课之前处于身心的闲散状态，一些学生可能刚从睡梦中醒来，一些学生可能还在闲谈或在进行其他活动。这个时候，授课教师就应该采取有效的措施，将学生从这种闲适的状态调整为积极的学习状态，并提高他们的课堂注意力。新颖、生动的导入能使学生主动调整自己的情绪和注意力。学生的学习状态被及时更新，有助于他们在后面的学习里保持学习热情。所以说，“引起学生注意”是导入的首要功能，如果不及时调整学生的学习状态，那么无论教师在后面的教学环节中如何努力，也只能起到事倍功半的效果。

2. 激发学生动机

英国著名教育家斯宾塞曾说:“要尽力让学生在快乐轻松的环境中学习知识，让求知的过程对学生而言成为一件快乐的事。”赞可夫也说过:“兴趣具有形成动机的力量。”无论是中小学生还是大学生，学习的动机都是他们学成与否的重要因素。课堂教学不仅传授知识，更重要的是激发学生学习的欲望。活泼新颖、充满趣味的导入能快速激发起学生学习的积极态度，使学生对新学的知识产生一种期待。一旦学生产生了学习的期待，他们就有了对下一阶段进行主动学习的愿望，进而让整堂课程顺利地进展。

3．明晰教学目标和任务

学生进入课堂的时候，需要教师指引他们了解学习目标，即知道这节课是学什么、怎么学。有效的课堂导入就是通过一系列的导入活动和导入手段使学生保持学习的注意力，调控自己的学习行为，达到既定的教学目标，完成后续的教学任务。

4．建立关联

孔子在《论语》中说到："温故而知新，可以为师矣。"学生对授课内容的及时回顾和复习，有助于促进知识内化，这也是形成知识正迁移的重要途径。有效的课堂导入在很大程度上能够实现新旧知识的无缝联结，这不仅能为后续学习环节提供一定的铺垫，而且能激活学生脑海中的已有图式，形成知识网。

5．形成有益交互

2005 年公布的《英语课程标准》明确指出，课堂教学应该"让学生在教师的指导下，通过感知、体验、实践、参与和合作等方式，实现任务目标，感受成功。在学生学习的过程中，教师需要实时地进行情感和教学策略的变化，让学生能够形成积极的求知态度，以求进一步推进语言实际语用能力"。在课堂导入过程中，教师可以运用设疑、询问、讲故事、谈话、讨论等一系列活动引起学生的注意，达到课程"热身"的效果。在这一系列活动中，师生之间会产生一些心理上和情感上的交流，这种交流是有益的，是促进教学顺利展开的催化剂。

第二节 英语教师课堂导入话语的特征

课堂导入的时常一般控制在 5 分钟之内，英语课一般持续 45 分钟，也就是说，一般英语课堂的导入时间占课时总长的 1/9 左右。通过对获奖教师课堂导入时间的计算发现，优秀英语教师平均导入时间占总课时的近 1/7，可见优秀教师比一般教师花了更多的时间和精力在课堂导入这一部分，因此对课堂导入部分教师话语的特征进行分析十分必要。

一、课堂导入话语的内容特征

尽管在一堂课中，课堂导入只是其中的一部分，但是即使是课堂导入这一小部分，也包含相应的步骤和顺序。笔者在撰写优秀教师课堂导入部分的音频时，发现这些教师的课堂导入话语主要包含三个部分，即开始部分、中间部分和收尾部分。开始部分即教师对还未进入上课状态的学生进行一定的引导，并给学生传递“上课”的信号，这一部分的教师话语主要由“开场白”组成；中间部分是课堂导入的主体部分，其中所产生的话语主要由 IRF 结构组成，即教师提问(Initiation)、学生回答(Response)和教师反馈(Feedback) 这三方面。

（一）开场白的内容与类型

“开场白”一词在《汉英大辞典》中有两个意思，第一是“演出开场时引入本题的道白”，翻译为 “Prologue”；第二种是“讲话或文章的开始部分”，翻译为 “Opening speech” 或 “Opening remarks”。本研究的开场白主要指第二个意思，即“教师进行课堂导入时最开始的部分”。尽管不同教师的导入方式各有特点，但是他们都需要通过“开场白”来把学生的注意力引入课堂，对开场白的研究和分析能够有效了解优秀教师如何开启课堂并以此展开教学。

通过对教师的开场白内容进行分类，得出以下两种开场方式：第一种是直接开场式，即上课开始后教师直接向同学介绍当前课程的内容以及接下来的教学步骤；第二种是间接开场式，即教师不直接介绍课程内容而是以话题或者讨论的形式间接引出主题，包括猜谜式、背景联系式、话题导入式和自我介绍式这四种开场方式。

1．直接开场式

在英语教师课堂教学过程中，一些教师会选择以直接开场的方式进入课程学习。这种开场方式的共同点就是教师开门见山地告诉学生本课所要学习的内容，并且就课程的安排做出清晰地介绍，这种类型的开场白能够快速且有效地使学生进入上课状态。如教师的开场白：

OK，good morning everyone. Now today，we are going to learn Part 2 of Lesson 13. Please turn to page 13. In today's lesson，we are going to，first of all，do some warm-up activities. Then we are going to watch a video course. Then there is a discussion，and very interesting.

2．间接开场式

教师选择间接开场式导入课程中，也会有不同的话语导入方式，包括猜谜式、背景联系式、话题导入式以及自我介绍式。间接开场的方法能减少学生因为无法迅速转换到上课状态而产生的焦虑感，是一种渐进的开场方式。

“猜谜式”的开场方式指的是教师并不直接告诉学生本课所学的内容而是给学生提供一定的线索让学生自己发现本课的主题。如教师在对学生做了简要的问好之后，给学生放了一个有关课程内容的短视频，并要求学生观看完毕后猜测本课所要学习的内容。

“背景联系式”的开场指的是教师利用与学生学习、生活背景息息相关的信息进行话题的引入。如教师在导入课文“ Was Einstein a space alien? ”时充分利用其授课比赛时间接近中午这一背景，问学生：“ I can find many of you must be very hungry now，right?”，学生们笑着点点头，接着老师继续说：“ Yes? But have you ever heard a very popular saying by Steve Jobs，‘ stay hungry，stay foolish’?”。得到学生肯定的回答之后，教师非常自然地过渡到了本课：“... So today we don't talk about Steve Jobs. We learn something about another man，who is even greater then him.”。该教师接着给出爱因斯坦的相关图像并开始进行正式的导入活动。

“话题导入式”是指教师给学生提供和课文相关的话题让学生讨论。如教师在导入“Is everybody happy?”一文中就给学生提供了一个关于小女孩 Jane 肝脏移植的话题，让他们进行两难选择。

“自我介绍式”就是在课程伊始，教师对自己的相关情况作简要介绍。这种开场白主要出现在师生第一次见面时。

从研究结果来看，选择间接开场式的教师略多于直接开场式的教师。但无论选择怎样的开场方式，在优秀教师的课堂教学中并没有出现诸如敲打桌子、故意提高嗓门、大声斥责吵闹学生这种强硬的开场方式。据笔者观察，教师们在课堂最开始的时候都会做一个 2 秒钟左右的停顿，停顿过后，教师们给予一定的上课提示。据统计，很多教师都是以诸如“Good morning!”“Good afternoon!”“Hello!”这样的问候语做上课提示的，其他教师是以“we are going to start...”这样较直接的方式传递上课信息。

(二) 提问的方式与类型

研究表明，在课堂交谈的整个过程中，有60%～80%的时间都是在提出问题、回答问题以及教师对学生的回答作出相应的点评。教师对提问的设计不仅仅表 现了教师掌握课堂的能力，更是整个课堂能否有效开展的决定性因素。

1．提问的方式

郭宝菊曾总结了四种教师的提问方式，即指定学生回答(Nomination)、要求学生集体回答(Chorus-answering)、学生自愿回答(Volunteering)、教师自问自答(Teacher self-answering)。本书根据所获优秀教师的授课视频，把教师课堂提问的方式分成五种，分别是指定学生回答的问题，学生集体回答的问题，学生自愿回答的问题，教师自答的问题以及教师未回答的问题。

研究表明，在课堂导入环节提问的总数量上，不同教师差别比较大，但我们也可以看到，有将近一半的教师在提问数量上达到 10 个以上，这个数字甚至和一些普通教师整堂课中的提问总数相当。其次，几乎所有的教师都以图片展示或者视频播放来辅助提问。借用教学媒体来辅助教学已经不是一件新奇的事情了，在教学导入中以具象的图像来依托抽象的问题不仅能增加学生回答问题的积极性，而且能给学生回答问题预留一定的思考时间。

从具体的提问方式来看，体现主动性较强的学生集体回答型提问和自愿回答型提问占的比例最大。一些教师的课堂以学生集体回答型或学生自愿回答型提问为主；其次是主动性较弱的指定学生回答型提问，一些教师会倾向于选择此类提问方式；占总提问数最少的是主动性最弱的教师自答型和未回答型提问，个别教师会选择这样的提问方式。

根据分析，学生能主动回答的问题大多难度比较适中而且是与日常生活紧密相关的内容，如以下的几个问题：

Q1：Since you have been here for some time，have you ever found any problem of living in Shanghai?

Q2：So can you name just a few problems?

Q3：... You know，in Shanghai the housing price is? Can you find an adjective to describe this problem?

主动性较弱的指定学生回答型提问主要有几个特点，首先是过于简单的是非型问题，学生都不太愿意主动回答，即使被教师指定回答也是以 yes 或者 no 来简单应答。例如：

T：... Do you think that，the graduation from this university really means that this is going to be the end of your learning? Do you think so?

S1：No.

T：... Now do you like reading?

S2：I like reading.

其次是过于抽象的思考性问题，学生大多不敢贸然回答，如教师给学生呈现出两个圆圈并提问：

T：... Can anybody tell me what these are?

SS：Circles.

T：... Now please active your imaginative and creative nerves in your body，look at it again，and tell me what these can be or what pictures can draw with these circles?

刚开始，学生对于图中的圆圈能准确翻译出 “Circles” 一词，但是要学生发挥想象力去重新定义这些圆圈的时候，他们却出现了沉默。也许是由于课程的竞赛性质，教师也不能给予学生更充足的思考时间，只好指定学生进行回答。再

如教师的问题 “What success mean to you?” 对于在校学生来说，对“成功”的理解可能并不深刻，而且要用英文作答，想必是有些难度的。

还有一种情况是教师的问题如果比较沉重，特别是关于道德的提问，学生会出现短暂的沉默。如教师以最近天气变冷为话题问学生是否收到父母要求自己增添衣物的信息或电话，学生们都积极地进行了回应，紧接着教师问：“... But what I wonder is when you received these calls，what did you say to them? Did you tell them they should take care of themselves?”，对这一问题学生都低下头沉思，或者摇头。又如教师关于话题“Stress”的提问、要求学生对当今社会诚信缺失的问题进行思考等。如果教师的提问是关于“Morse Code”，在她所问的所有 6 个问题中只有 1 个是学生自愿回答的。其主要原因可能是，学生对于话题比较陌生，特别是教师问到一些摩斯密码的意义时，学生更是一头雾水。如果教师是给学生放了一个关于 “Job interview” 的视频，在问到“... Besides nice pants，are there any other keys to success in the job interview?”时只预留了不到 1 秒钟的时间让学生思考，而后就开始自己对这个问题进行回答。显然，这样短的候答时间是无法让学生进行有效思维的。在学生观看视频的过程中，学生充满了期待和好奇，如果教师能充分利用学生已经燃起的兴趣给予更长的语言输出等待时间，想必课堂会更加活跃。 如果一些教师的课堂导入问题都是直接关于课文内容的，那么没有预习的学生显然无法回答这些问题。

从上述中我们可以看出，根据教师不同的教学风格和教学内容，英语教师提问方式虽然也存在着一些不同，但是总的来说，英语教师的课堂主动性比较强，学生大多愿意配合教师的提问并积极回答，但是过易、过难、沉重，不符合学生已有图式内容，忽视学生准备的提问会影响学生的积极性。

2. 提问的类型

Barnes 把教师提问分成四类，即事实性问题、推理性问题、开放式问题和社交问题。此后，Long 和 Sato 发展了前人的观点，把课堂提问总结为展示性问题(Display question)和参考性问题(Referential question)两类。展示性问题指的是教师事先已知晓答案的问题，用于检查学生对特定知识的掌握程度；参考性问题指的是开放性问题，用于获得更多的语言信息。在随后的研究中，大多研究者认为：参考性问题能够提高学习者在课堂上的语言输出数量，对语言习得过程能起到积极的推动作用。

经过研究表明，只有少数的教师的展示性问题多于参考性问题。也就是说，大部分教师更倾向于选择那些能够激发学生思考和交流的参考性问题，这和胡青球、张成文、王晓妍的研究结果一致。但是，需要注意的是，参考性问题虽然在课堂交际的形成中起到了积极作用，但在不同的教学层次和教学阶段中，教师的提问也应该作出调整，要有相应的侧重点。比如，在中学阶段，教师为了巩固学生的知识，并对这些知识进行不断地练习，需要提出大量展示性问题。徐立群曾对英语课堂教师提问类型进行过深入研究。其研究发现，由于课程的类型不同，展示性问题与参考性问题所占的比例也不同。导入课的参考性问题要多于展示性问题，讲授新课时展示性问题则略高于参考性问题，但是到了练习课的时候展示性问题便远远高于参考性问题了。

课堂导入的主要目的是吸引学生注意力并开启新的教学内容，教师通过参考性问题能够激活学生脑海中的已有图式并在此基础上充分发散学生的思维，除此之外，参考性问题还能最大限度地促进师生之间的交际和互动，这些在课堂导入中无疑是十分重要的，所以在课堂导入这一环节中出现的参考性问题远多于展示性问题也在情理之中。

（三）反馈语的类型

教师反馈语是教师话语的另一个重要组成部分。Cullen 在其研究中把教师反馈分为两种，即话语性反馈(Discoursal feedback)与评价性反馈(Evaluative feedback)。

在进行话语性反馈时，教师关注的是学生的回答内容，但不对语言本身进行评价，即使发现学生回答中存在语言错误，也不明确地指出而是采用转述或者是引导的方式进行修正。与此相对的是评价性反馈，这种反馈常出现在展示性问题之后，教师一般明确指出学生的回答正确与否，并以回答的精确性(Accuracy)作为判断回答正误的标准。

一般而言，展示性问题常常伴随着评价性反馈，参考性问题则常引起话语性反馈。一般来说，优秀教师的话语性反馈要远多于评价性反馈，这与之前本研究对优秀教师提问类型所占比例的研究结果相符。话语性反馈语比较接近自然话语，能更大程度地激发说话人交流的兴趣并增加说话人的语言输出。下面分别以两位教师的课堂对话作为例子对此进行探讨：

T1：... What is it?

SS：Eiffel Tower.

T1：Eiffel Tower，very good.(评价性反馈)

T1：And where is it?

SS：Paris.

T1：Paris，France，very good. Eiffel Tower ... .(评价性反馈)

T2：.... What about the gentleman there? Over there? You seem quiet.

S2：I am a senior and I am going to graduate next year. I want to work，to find a job.

T2：To find a job? What kind of job? (话语性反馈)

S2：En，I haven't made up my mind yet，but I've been looking for，but a number of options，but I can't decide which one to choose.

T2：OK，whom I think you should make your mind the earlier the better. (话语性反馈)

S2：点头

从两位教师的反馈中我们可以很明显地发现，在 T1 的课堂里，教师的问题皆是展示性问题，教师也只对学生回答的正确性做出评述，未能形成有效的交际。相比之下，T2 的课堂话语更接近自然会话，教师并没有对学生回答的正确与否做出评判，而是用提问的方式来肯定学生的回答，激发他们会话的兴趣，达到交际的目的。 Curran 曾说：“语言存于人，语言形于人之间的交流，语言成于人之间的回应。”可见语言的根本在于交流，在于传达。课堂是承载语言的特殊环境，教

师和学生的 语言又形成了课堂，所以要完成一堂课程，必须需要语言的扶持。Sinclair 与 Coulthard 在 1975 年提出了经典的 IRF 课堂会话结构，主要分为三个话步：教师引出话题，学生对话题作答，教师根据学生作答做出相应反馈。T1 的课堂就是典型的由一个个连续的 IRF 会话结构组成的，IRF 模式出现得越频繁，也就证明教师对课堂的控制越紧密。但是在实际教学中，还有可能出现比 IRF 更复杂的会话结构，比如，以上截取的 T2 的课堂会话就是 I1R1(I2R2)F 结构，即教师引起话题，学生回答，教师针对学生的回答发起新话题，学生对新话题进行回应。课堂中复杂会话结构的出现能够增加学生的主动性，给学生创造更多的语言输出机会。

除了 Cullen 对教师反馈语的分类外，还有一种常用和简单的分类，即积极反馈和消极反馈。积极反馈是教师对学生行为提供的积极评价，消极反馈是教师对学生行为做出的消极评价。关于积极反馈和消极反馈的划分，不同学者也有不同的看法。林正军根据 Lyster 和 Ranta 的理论，把积极反馈语、明确纠错、诱导、元语言反馈、澄清请求、重复、复述、扩展、评价这几种反馈方式进行归纳整理，将其分为单一型教师反馈语以及混合型教师反馈语两种；周星、周韵则把积极反馈细化为简单表扬、表扬加点评、重复加表扬等；赵晓红把消极反馈分为忽视学生回答、批评、急于纠正、中断回答四类。一般认为，积极反馈比消极反馈更有助于学生改正错误，但是有效的纠错行为也能促使学生主动发现问题，提高语言表达的准确性。本研究认为除了积极反馈与消极反馈之外，教师反馈语中还有一种接近自然会话形式的中性反馈语。

中性反馈语只表明教师作为听话人对正在进行中的对话的参与，其反馈语并不涉及对学生话语内容的评判，比如，课堂导入最开始出现的由寒暄引起的一系列反馈就属于中性反馈。通过对教师的反馈语进行分析，以及对其他学者在反馈语中的分类加以总结，把反馈语主要分成三类，即积极反馈语、消极反馈语、中性反馈语。其中，积极反馈语包括简单表扬(SP)、重复加表扬(RP)、引导修正(GR)、表扬加点评(PC)、诱导回答(IR)、重复(R)、重述内容(RC)；消极反馈语包括直接批评(DC)、重述或重复加批评(RRC)、批评加解释(CE)、请他人回答(AO)、忽视回答(IA)、中断回答(SA)。

研究表明，优秀教师在课堂教学中使用积极反馈语的比率要远高于消极反馈语。就总体而言，重复加表扬型反馈语使用最为频繁，其次是诱导回答、重述内容和表扬加点评型反馈语。对教师消极和积极反馈语进行分析，并适当结合对教师手势、语气、学生表情和动作等副语言因素的观察，有助于能更加具体地说明当前课堂中教师的态度、学生的情绪等主观因素。下面将对教师使用最多的几种反馈类型进行具体分析。

1．重复加表扬

重复加表扬指的是教师在反馈中直接引述学生的回答并对其回答表示肯定，教师重复学生的回答并加以表扬是对学生回答的积极肯定，并起到强化正确答案的作用。

T1：Alright now，now let’s see the first one. What is it?

SS：Eiffel Tower.

T1：Eiffel Tower，very good. ...

T2：So，shall we stay hungry for the last 20 minutes in the morning?

SS：Yes.

T2：Yes，so you are the best students I have ever met.

T1、T2 直接重复学生的回答并做出了一定的表扬，这是对学生回答的积极反馈，有助于增强学生回答的积极性。

2．诱导回答

诱导回答是指学生未能回答教师提问时给学生提供一定的信息，让学生自己找到答案，或者是教师为了获得学生更多的语言输出，就学生的回答进行提示或追问。诱导回答的反馈方法能够给学生提供一定的思考时间，并激发他们自己解决问题的欲望，特别是当学生通过教师的指导最后获得正确答案并得到肯定时，学生会获得一定的满足感。

T：... Can anybody tell me，what these are?

SS：Circles.

T：Good，you certainly get right answer，but it's not imaginative and creative one. Now please active your imaginative and creative nerves in your body，look at it again，and tell me what these can be or what pictures can draw with these circles? Can you have a try?

SS：Eggs.

教师对课程主题“Creativity”进行导入时，首先给学生呈现了两个圆圈并要求他们回答这是什么，学生回答“Circles”，教师首先肯定了学生的回答，但要求学生发挥自己想象力，紧接着教师提供了两个线索要他们思考，即 What these can be? 和 What pictures can draw with these circles?，这样一来，学生开始进行思考，并有一部分学生想出了有创意的回答。

3．重述内容

Verplaetse 曾对一名优秀教师进行研究，发现这位教师常常通过重新表述学生回答的内容，以对其回答进行反馈。重述，就是教师在学生回答的原意上进行部分改动和修订。这种反馈有助于学生在交互环境中对自身中介语和目标语形式进行认知上的比对，从而了解到两者之间的差异，提高自己语言表达的准确性。比如，教师的课堂就常出现这样的反馈：

T：... Who are they? What are they doing? ...

S：The children was washing their parents'foot，feet.

T：Yeah，the children are washing the feet of their parents.

S：And parents were touches，very touched.

T：Yes，and all of the parents are deeply moved and some of them even to tears.

S：Yeah.

教师对学生部分语言进行了替换或扩充，有助于学生获得更多的语言输入。但是值得注意的是，由于学生认知水平的局限，他们可能意识不到自己的话语被改动了，所以教师在用到这种类型的反馈时需要以一定的副语言或语音语调的改变来辅助，以引起学生的注意。

4. 表扬加点评

表扬加点评是教师对学生的回答进行肯定之后对其回答内容进行一定的评述。比如，教师要求学生用一个形容词来形容好教师的特点时，某个学生提供了一个较复杂的词汇 “Humanitarian”，教师在对这个答案进行肯定的同时说到这个词汇是一个较高水平的词，并表达了惊叹。

（四）结束语的内容与类型

教师导入的结束语，指的是教师在完成导入并准备开启正式课程时所用的话语。导入结束语是课程导入的结束，也是进入正式课程学习的开始。如果教师未能有效设置导入部分的结束语，则会给学生带来一定的困惑，如果教师已经开始了文章的讲解却没有告诉学生，学生很容易仍游离在课堂导入的状态中。课堂导入结束语能够给学生以一定的暗示和提醒，是为后面的教学进行的准备工作。根据对优秀教师的课堂导入结束语进行分析和比较，总结出了以下两种结束语。

1. 设置疑问

设置疑问是指教师根据之前导入中的话题提出相关问题，这个问题的答案可以在后面的课文学习中找到。这种结束语能够激发学生的学习兴趣，加大他们对后面学习的求知欲。除此之外，由于这种类型的导入语既能和前面的导入活动相关联，也能与新的课程内容相联系，它能如行云流水一般自然地过渡到新学内容，不会给学生造成生硬和突然的感觉。据统计，大多数教师会选择这样的结束语，占的比例最多。如某教师的课程主题是 “Living in Venice ”，首先，教师的导入是根据他们的生活所在地“上海”提出相关问题 “ Have you ever found any problem of living in Shanghai? ”，在学生列举了一系列的问题后，教师对学生所提出的一些“问题”进行归纳，最后教师说到“Right，now we are going to watch a video. This video will bring us to Venice. We are going to see whether people in Venice have the same problems as people in Shanghai.”，教师要求学生思考在威尼斯生活的人们和在上海生活的人们是否面临一样的问题，学生带着这个疑问进入下面环节的学习中，他们的学习动机得以维持。此外，这个结束语不仅回顾了前面导入的相关内容，而且点明了后面的学习内容，即“Living in Venice”。整个过渡十分简明且自然，能顺利地把学生带入到下一环节的学习中去。

2．直接过渡

少数英语教师会选择直接式的导入方式，即直接告诉学生接下来的学习活动是什么。如教师会提出“Now I would like you to do some listening practice.” 或是“Alright，now we are going to watch a short video clip，listening to what's other people talking about their future plans.”。

二、课堂导入话语的形式特征

教师话语的形式与自然话语有很大的区别。一般而言，教师会根据课堂的实际情况对语音、句法和词汇做出适当的调整。语音方面，教师的话语必须保证清晰洪亮，语速和音量都应适中，必要的时候通过重音、弱读、停顿等方式对话语进行调整；句法方面，教师较多地使用简单句，其中祈使句、陈述句、疑问句所占比例最多；词汇方面，教师在课堂教学中比较倾向于选择那些更基础且更容易理解的词汇，在课堂教学中还会出现反复核对词汇的情况，其目的是为了加深学生的印象，使记忆得到强化。

（一）语音特点

课堂导入的首要目的是吸引学生注意力，使学生的思想和行动都转移到教师的课堂教学中来，教师会在语速、发音、停顿的使用上做出一些调整。

1．语速

语速主要指某个话轮中话语的整体速度，其中不但包括可能的填声停顿和音节拖长，还包括构成这个话轮的各个语句之间的无声停顿。语速是跟一个话轮中所有听得见的话语行为相关联的总体速度，这与音速不同，音速是指话语中全部有声材料相关的发音速度。由于英语是以重音计时的语言，是通过计算发音中重音的时间间隔来研究语速。一般来说，教师的重音间隔时长在 1.80~2.00 秒比较符合学生期待的教师课堂话语语速。

研究表明，大部分教师把语速控制在 1.80～2.00 秒。教师不仅要根据学生的实际语言水平适当调整语速，也要根据课程重点的不同放慢或者加快语速，教师教学水平和风格的不同也会影响语速。一般而言，教师话语的语速要低于自然交际语速。在观察中发现，教师在与学生的交流中需要进行交互修正时，教师的语速会明显慢下来。根据 Long(1983)的观点，会话者与说话者进行交互修正主要通过三个途径，即确认核实(Confirmation checks)、理解检查(Comprehension checks)和澄清请求(Clarification request)。确认核实是教师向学生询问自己是否准确理解了对方的话语。比如：

S：Eggs.

T：X?

S：Egg.

T：Egg! You've got two eggs here，are you hungry?

这一对话中，教师没有听清楚学生的回答，于是向学生进行确认核实，其语速需要慢下来了。

理解检查是教师求证自己说的话是否被对方正确理解。比如，教师常在某一小节结束时问到“Do you have any questions?”“Is everyone clear with what we are going to do today?”就是典型的理解检查。

澄清请求是教师不能理解学生的话语时，希望对方对此做出一定的解释。如：

T：... How about this girl?

S：Er... Anguish.

T：So，what’s the word?

这个时候，教师的语速变慢，声音也相对变轻。

课堂导入中并没有大范围的语言知识学习，其最直接的目的是给学生提供关于课程内容的基本概念，增加他们的学习积极性。与后面的课程步骤相比较，导入部分的话语更接近自然话语，总体来说语速比较平均。

2．发音

优秀教师话语的一大明显特征就是，他们的发音十分清晰，声音洪亮，语音语调的变化非常得当，使听者感觉舒适，且教师的大部分发音较接近本族语。另外，教师会适时根据课堂的实际情况对语音语调作出相应的调整。比如，在学生回答错误的时候，教师会用提高音量或增加重读的方法来引起学生的注意。

S：Out fashion.

T：Out of ↗ fashion. We can just correct ↘ it，out of date ↘，right?(其中“↗”表示提高音量；“↘”表示重读)

S：Yes.

在这个例子中，学生的回答在形式上并不正确，教师在其反馈中增加了“of”和“out of date”的音量，并适时改变了语调以引起学生的注意。

3．停顿

由于课堂教学的需要，教师会在会话过程中进行停顿。停顿是口语的重要特征之一，具有标记句法边界、强调、引起注意或维持话轮等功能。教师话语中的停顿与自然话语中的停顿相比，其最大特色主要有两点，第一是为了给学生的回答留下足够的思考时间。如：

T：And how about the most impressive theory from him? The most impressive theory — Theory of Relativity. Right，so you know that，and he is also a very imaginative guy，because he himself attaches great importance to imagination. Because he said imagination is more important than — knowledge. OK，you know that.(其中“—”表示停顿)

教师在第一次停顿时，学生回答了 “Theory of Relativity”，在第二次停顿的时候回答了 “Knowledge”，教师的停顿给学生留下了一部分的回应时间，使学生积极参与到课堂中来。 第二个特点是为了强调和引导。如：

T：... Can you point out the keywords and important phrase from the title? Which word is the keyword —

SS：Honesty.

T：Honesty! It is very obvious right?

T：The price of living here，OK，and — what are the other problems —

教师用停顿来促使学生参与课堂并重复关键信息，达到强调的目的。用两处停顿引导学生继续补充相关问题的答案。

（二）句法的使用

句法方面，教师在组织教学活动、完成导入目标时，考虑到学生的现有知识水平，倾向于使用更多的简单句。其中又以陈述句、疑问句、祈使句的使用频次最多，陈述句主要用于讲解知识；疑问句用于激发学生兴趣，引起学生的注意；祈使句则用于组织课堂。我们对教师使用句子的类型进行分类，发现除了课堂最常用的三种句型外，教师还会用到一些感叹句。

通常情况下，英语教师使用陈述句的比例最高，其它依次是疑问句、祈使句和感叹句。这个研究结果与 Long 和 Pica、刘家荣、郭新婕、王晓妍的研究结果一致。

陈述句使用比例高，说明在这几位教师的课堂里还是以教师的讲述为主，教师作为课堂信息的主要提供者，承担着传播知识和组织教学的重任，教师仍是课堂的引导者。除此之外，教师在课堂导入时会设计多样化的问题，或者使用疑问句来询问学生的状态，了解学生的知识掌握情况，提高学生的注意力。优秀教师对祈使句的使用并不多，这说明教师在课堂导入中并非处于一种高高在上的地位，而是尽可能地给学生提供一个自由平等的空间，减少祈使句的使用有助于拉近师生关系，形成有益的交互。本研究发现，优秀教师还会在课堂导入中使用感叹句。感叹句主要用来营造课堂气氛，特别是在传递信息时，一些教师喜欢用夸张的姿态和语言行为来烘托课堂气氛，提高学生的积极性。比如，教师在一个猜谜游戏中表情丰富，语言表达也很有感染力，在学生抢答了其中一个问题时，教师表现得非常惊讶并说道："How did you know! You guys are genius then!"。对于教师的这个反应，学生都十分高兴。

由此可见，在课堂中适时地增加一些感叹句，能有效地烘托气氛，增加学生投入课堂的积极性。

(三) 词汇的选择

在课堂中，教师多用常用词、口语词替代文学用语，较少使用生僻的俚语或成语，词汇范围窄。教师在课堂上使用的词汇一般都比较简单，这样更有助于学生的 理解。“类-次比”(Type-token ratio)是分析词汇量的常用指标。这种分析方法是指在话语中出现的词汇类型(没有被重复使用的词汇)和单词总次数的比值，其最大值为 1。这个比值越高，表明教师使用的词汇种类越丰富，词汇的含词量(密度)越大。

研究表明，优秀教师所用词汇的类-次比分布比较平均，大多数保持在 0.45 左右，有些教师的类-次比达到了 0.5 以上。这个研究结果远高于刘学惠研究中实习教师平均 0.20 的类-次比，也高于罗美娜研究中教师平均 0.17 的类-次比。

由此可见，本文中优秀教师的用词种类要多于一般教师，由此可见，虽然简单常用的词汇能使学生更好地理解教师的表达，但是教师绝不能一词用到底，同义词的使用能给学生提供更多的可理解性输入，并且能增加课堂的活跃度。比如，优秀教师在表扬学生时并不仅仅用 “Good”这样的词，还会用诸如 “Wonderful”“Excellent”“Brilliant”“Genius” 这样意义相近的表达，这样有助于增加教师反馈的多样性。

第三节 教师话语在实现导入功能中的作用

课堂导入主要有引起注意、激发动机、明晰教学目标和任务、建立关联、形成有益交互的功能，课堂导入的主要任务就是实现导入的基本功能。课堂导入功能的实现与否决定着课堂导入的有效性，话语作为课堂的主要载体承担着实现导入功能的主要任务。优秀教师主要通过设计话语内容或适当调整话语形式来实现导入目标和导入功能。

一、引起注意

课堂导入作为一堂课的开始，需要及时调整学生的状态，把他们的注意力吸引到课堂上来。引起学生注意是课堂导入最基本的功能之一，话语在此发挥重要的作用。教师在课堂导入中，首先用生动的开场白把学生从学习的游离状态拉入上课状态，紧接着教师会设计一系列的问题，并适当运用反馈来维持学生的学习兴趣、推进课程内容，除此之外，教师还会通过诸如语音语调的变化来提醒学生注意回答的准确性，运用结束语提醒学生注意下一部分的教学任务。下面就从教师开场白、提问、反馈语、结束语、语音语调这五个方面，探讨教师如何通过话语实现引起注意这一导入功能。

（一）开场白

Krashen 认为，在师生交际过程中，学生焦虑感的强弱会直接影响其语言学习，焦虑感强的学生容易被自身的负面情绪所影响，从而阻碍其获得语言输入。优秀教师在课堂导入的过程中采取柔性的方法吸引学生的注意力，不给学生增加过多的压力感和强迫感，排除学生的负面情绪，使学生自主的把注意力自主转移到课堂上来。教师在课堂开始之前都会做一个 2 秒钟左右的停顿，教师在进入教室的时候，实际上就是对学生做出了一个即将上课的暗示，在正式上课的时候，教师利用这 2 秒钟的时间保持站立并扫视 学生，学生表现出停止闲聊和端正坐姿的行为。可以说，这 2 秒钟的停顿在引起学生注意上要比直接大声宣布上课或者斥责学生更省时省力，学生们在这一时间里也能快速调整好状态，并做好正式进入上课的准备。其次，教师都会给予学生一定“信号”来表明“上课”，比如，像“Good morning!”“Good afternoon!”“Hello!”这样的问候语，或者是“We are going to start”这样比较直接的表达方式。

（二）设计提问

课堂主要由教师设计的一轮轮提问构建而成，教师使用提问可以在一定程度上督促学生用心上课，适当增加学生的紧张感，在无形中提高学生的上课注意力。Kauchak 和 Eggen(2005)曾把提问的功能理解为诊断、引导、激发。其中提问的

“激发功能”指的就是教师通过提问使学生充分参与课堂，强化他们的注意力。试想，一位老师在上课的过程中，只知道自己讲而不给学生表达的机会，学生则会失去参与课堂的兴趣，注意力也会慢慢涣散。很多教师在设计课堂导入的过程中充分利用提问来凝聚学生的注意力，比如，教师在导入“The world of work” 一文中进行了两个活动，其中第一个活动是通过看图来回答图片中的人物以及该人物所从事的工作是什么。在这一活动中，教师设计了有关图片的 4 轮问题，每 1 轮问题中又包含 3~4 个相关的小问题，通过这些提问，学生的注意力都集中到问题中来，他们在积极回答问题的过程中也在无形中契合了教师的意图并融入正式的课程学习里。

（三）纠错反馈

Schmidt 和 Frota 发现，如果授课教师不及时纠正学生出现的一些语言错误，犯错的学生很难自己意识到，这样不但不利于该学生及时改正自己的错误，而且其他的同学也会产生误会，认为犯错学生的语言是正确的。长此以往，学生便会将这种错误的表达形式内化。所以，教师对学生的纠错十分必要，不仅能帮助学生注意到自己的错误，也能给其他学生以一定的提醒。我们知道，英语教师主要通过诱导回答、重述内容这两种类型的纠错反馈来提醒学生发现错误。值得注意的是，这两种类型的反馈方式，都不是直接对学生的回答进行纠错，而是有一定的诱导性和启发性。这样的反馈能激发学生再思考，并提供自我纠正的时间和机会，学生能够意识到自己语言上的错误，并及时进行纠正。比如，教师在导入时的反馈：

T：What are they doing?

SS：Reading.

T：Yes，reading. What kind of reading are they doing?

S1：Passage.

Sn：...

T：Doing? (指图片)

S1：Fast reading.

SS：Fast reading.

T：Good，fast reading.

在刚开始的过程中，有一个同学给出了错误的答案，其他同学则表示沉默，但是在老师的提示下，该学生在观察图片后快速地更正了答案，其他学生也同时回答出正确的答案。所以说，适当的纠错性反馈，特别是诱导性的纠错反馈，能够引起学生的注意，并使学生及时改正错误。

（四）结束语

从上述中我们得知，英语教师的结束语主要分为两种类型，分别是设置疑问和直接过渡，但无论选用哪种方式，教师都会清楚地给予学生“导入结束”的信号。一般而言，课堂导入过后就是课程主体的学习，优秀教师通过结束语告诉学生接下来即将进入的学习部分，提醒学生集中注意力，做好学习主要课程内容的准备。

（五）调整语音

优秀教师在教学的过程中，会根据学生的反应适时适当地改变自己的语音语调。比如，教师常常通过放慢语速、提高音量、增加重读或进行停顿等语言形式来提醒学生注意关键信息和提醒学生注意自己回答的正确性。

T1：Since you have been here for some time，have you ever found any problem of living in Shanghai?

T2：OK，the only thing you have done for your parents is just to say thank you↗ for what they have done.

T3：... This boy，what is your definition of success，please?

S1：I think I can live a leisure or comfort life.

T3：Comfort life? Comfortable↘ life you mean?

S1：点头

T11：... And also take a look at that picture，a mother reading to her children，that means slow reading promotes? —

SS：Relationship.

以上几个例子显示了优秀教师如何通过语言形式的调整来达到引起学生注意的目的。首先，T1 在问学生生活在上海所遇到的问题时，整个问句的语速都变慢，其目的是让学生听清楚问题，集中注意力。在观察中发现，当教师适当放慢语速的时候，学生呈现出更多注视教师的表现，可见在教学的过程中，适当减慢语速能够起到吸引学生注意、强调关键信息的作用。T2 课程导入的主题是“现代社会子女对父母缺乏关心”这一社会现象，他给学生放映了一系列图片，询问其中一个学生，是否给自己的父母做过什么有意义的事情，学生思考过后回答，自己对父母所做的只有感谢，教师在反馈学生的回答时特别对 “Thank you” 提高了音量，实际上是为了让学生对他的回答进行思考，并提醒其他学生也由此对自己的行为进行思考。T3 通过重读正确答案使学生及时发现错误并改正，T11 则通过停顿的方法把学生的注意力集中到问题中来。

二、激发动机

导入课是整个课程中的过渡阶段，学生只有一开始对课程学习保持着较高的热情和兴趣才能被顺利引导进入下面的正式课程学习。课堂导入的内容与之后的语言学习内容相比，更具趣味性，通过课堂导入能够激发学生对相关课程学习的动机。优秀教师通过适时适当地对学生提出问题，吸引学生的注意力，激发他们参与课堂的欲望；通过积极反馈维持学生的内部动机；优秀教师适当夸张语音和语态能够有效调节课堂气氛触发学生回答问题的热情。下面就这几个方面进行深入探讨。

（一）适当提问

从对教师课堂提问的研究结果中可以看出来，英语教师的提问大多能获得积极的回应，学生回答问题的积极性比较高。特别是有一些教师的课堂主要为学生集体回答式或学生自愿回答式提问为主，说明这些教师的提问能够很好地调动学生上课的积极性和主动性。经过总结，本研究认为，英语教师在激发学生动机方面主要有以下两个特征。

首先，优秀英语教师在课堂导入的过程中大部分以图片、音频、视频等辅助手段辅助提问。多媒体的使用可以给学生以视觉和听觉的多重刺激，激发他们参与回答问题的积极性。一些教师在选取图片或音频、视频的时候都会选用一些有趣的或与学生生活紧密联系的内容，这无疑增加了学生参与课堂的主动性。问题的呈现与多媒体展示紧密结合，学生可以通过具象的图片、音频或视频来回答一些抽象的问题，问题变得具体而生动，学生的回答也更具积极性。

其次，优秀英语教师的问题大多难度比较适中且与日常生活紧密相关。如教师的猜谜游戏中关于教师和出租车司机特征的提问，教师提问学生对毕业后的计划，教师问学生认为的好教师的品质是什么，等等。尽管大部分的英语教师的提问都能激发学生的主动性，但是值得注意的是，有部分教师的课堂，学生在教师提问后表现出沉默或者忽视。究其原因，主要有三点：

(1) 提问难度过大或过低。Krashen 在其输入理论中提出了著名的 I+1 理论，即学习者在习得语言的过程中，学习的语言材料略高于学习者的现有水平，学习者能够最大限度地获得可理解性输入。例如，一些教师的提问就没有充分考虑到学生发展的现有水平。教师在提问的时候应该避免过多的 “Yes or no”这样的提问，多提参考性问题来增加学生的积极性。另外，教应该尽量设计与学生生活、学习背景相吻合的问题，如果教师提问一些难度较大的问题，应该提前对该问题做一定铺垫。

(2) 话题比较沉重。当教师提问的内容比较压抑的时候，比如，教师有关“Stress”的提问，学生表现出了更多的沉默，且比其他课堂的学生更不敢直视教师的眼睛。教师在提出一些需要学生沉思和反省的问题时，应该给学生创造一个相对较轻松的对话环境，特别是关于道德评判的话题，应该尽量避免把道德评判的指向定为本课堂的学生。学生只有在轻松的环境下才能真正唤起自己的主动性，压迫性的问题虽能促使学生对问题进行思考，但是可能会影响学生在课堂上的主动性。

(3) 忽视学生的答题准备。有些教师在提问过后期待学生立即答题，没有给学生预留充足的候答时间，学生准备不足，都不愿意主动回答。

综上所述，适当的提问能够激发学生回答问题的热情和动机，教师在设计问题的过程中应充分考虑学生的语言发展水平，不要提过难或过易的问题。其次，教师应积极采用教学辅助工具将问题变得更加生动有趣。再次，教师应多给学生创造轻松的语言环境，并给学生提供足够的思考时间。

（二）积极反馈

Reigel 认为，积极反馈语较消极反馈语更能调动学生的积极性。优秀教师在其反馈语中大多使用积极反馈，即使当学生犯了错误也不直接批评，而是委婉地指正。

学生在获得教师肯定的时候能表现出更高的动机，在后面的课堂学习中能更加积极地投入。Deci 和 Ryan 指出，教师的激励风格(Motivating style)是调动和维持学生学习动机的重要因素。其中，教师激励风格又分为控制型教学风格和支持型教学风格。控制型教学风格是指教师通过对学生施加压力迫使学生参与学习；支持型教学风格是指教师通过鼓励学生，帮助学生培养和激发内在的学习动机。教师激励风格的支持性越高，学生的学业效能感和社会效能感也越高。优秀教师在触发学生更多的语言输出时，较多地使用表扬，并鼓励学生多表达自己的观点，学生出现语言错误时也不会直接打断，而是等待学生回答完毕后再对其错误进行提醒和修正，在教学的过程中应该多使用积极反馈，多鼓励学生进行语言输出。

（三）设置疑问式结束语

教学的每个环节都应该紧密联系，优秀教师在完成导入后通过设置疑问的方法能够激发学生的学习动机。比如，教师的结束语“... Cheating on exams is also the major topic discussed in the following unit. We will mention about. So，why not come into the details presented by author himself? How to solve the problem? And what will be the solution to the problem? Let’s drop into our global reading，text analysis.”，教师的课堂导入主要探讨了学生对考试作弊的看法，不同学生的意见各不相同，于是教师趁此机会提出通过接下来的文章阅读了解作者的观点。这样一来，学生对新课文的学习充满了期待感，有助于维持动机水平。

（四）夸张语音激发动机

优秀教师课堂导入中的一个显著特点就是他们在教学过程中感情充沛，充满感染力，特别是在提问和反馈的时候，教师会适当夸张语音，使课堂富有生机。优秀教师在提问的时候会通过增加重音来暗示题目的难度，比如，教师的提问：

T7：Can you point out the keywords↘ and important phrase ↘from the title? Which word ↘ is the keyword↘?

这个问题实际上非常简单，但是教师通过增加重音来引起学生的注意，并配合以皱眉、倾斜头部和摊手等副语言手段来让学生感知这个问题的难度。当学生觉得自己可以很好地回答问题，而老师又传递出回答此问题具有一定困难时，学生反而会表现出回答问题的欲望。

教师在给予学生反馈时，适当夸张语气能烘托课堂气氛，学生在轻松的环境下更能投入课堂学习，激发内部学习动机。比如，教师的 “OK，I am so surprised that you have found so many problems of living in Shanghai!”，教师的“ How did you know! You guys are genius then!”，学生在老师反馈过后，纷纷会心一笑，积极回答问题的人数明显增多。可以说教师在课堂导入时适时改变自己的语气，对课堂气氛的调节有着积极作用。

三、明晰教学目标和任务

课堂导入的一个重要功能就是在正式进入课文学习之前，使学生明确学习的内容和步骤，了解教师的教学目标，大部分优秀教师都很好地做到了这一点，他们会在导入最开始或者在结束某一导入话题时，以 PPT 展示配合口头表述，或者直接以口头表述的形式，告知学生 本节课的主要教学目标，并且明确指出整节课不同教学阶段的具体任务和内容。如教师在课程的最开始就对本课的教学目标与教学任务作出了指示：

Today，we will talk about a cheating scandal at Duke University. Here is the outline of today's lecture. We start with warming-up exercise，prediction，which we just did. And we move on to focus on the understanding of the passage. We start by talking about a very important culture point. And then we take an overview of this structure and then we will have the main idea of this passage. And you will learn some skills for writing and after that we will take a close look at one part of this passage. And then，we will have a speaking activity and the whole lecture will be concluded with your assignment，OK?

教师的教学目标非常明确，即通过对文章的学习使学生了解文章的大意并获得本文的写作技巧。其中，教师也详细地阐述了整个课堂教学的任务，即导入话题、理解课文、学习写作技巧、口语练习、作业布置。教师在课堂导入的时候应该明确告诉学生本节课的主题、内容以及教师的教学目标和师生共同完成的教学任务。如果教师直接进入某一阶段的教学而不提前预知学生，学生很有可能无法顺利融入课堂，并对课程产生疑惑，甚至放弃听课。

此外，还有一种情况，教师并不在导入中把整节课的课程安排提前告知学生，而是在某一教学活动结束时告诉学生下一阶段教学活动的目标和任务，比如：

T：... After having this warming-up exercise，now，I would like you to do some listening practice. Well，in the following section，we will still be guessing jobs. I would like to introduce you some of the possible new words.

教师需要在课堂导入时，以口头表述的形式对教学目标和教学任务进行解释，PPT 的呈现只是为了加深学生对教学目标和任务的注意，并对一些没听到的内容起补充作用，但是教学辅助工具绝对不能代替话语在完成明晰教学目标和教学任务这一重要导入功能中的地位。

优秀教师在说明教师目标和任务时，需要以话语的形式对学生是否明白作出确认，对于学生未能理解的部分，教师会用话语进行进一步的解释，话语所具备的灵活性是教学辅助工具无法比拟的。

四、建立关联

导入的另一个功能是建立关联。教师在课堂导入的时候，首先不能脱离整个课程主题，其次要考虑导入环节与之后教学环节的联接，另外，教师还需要注意学生已有的图式水平，提供与学生当前水平相适宜的教学。

（一）关联课程主题

优秀教师的课堂导入话题与整个课程主题的联系十分紧密，整个导入都是围绕课程主题设计和展开。教师以主题贯穿的形式把相互独立又紧密联系的课程内容串联起来，能给学生带来一定的新鲜感。所以导入要做到“形散神不散”，既给课堂导入设计独立有趣的主题内容，又不能脱离整个课程要求。优秀教师导入的主要内容与课程主题，如表 2-1 所示。

表 2-1　教师课堂导入内容与课程主题

教师	导入内容	课程主题
T1	1.课程内容和步骤 2.五组各地名胜的相关图片	The man-made world
T2	1.摩斯密码 2.课程内容和步骤	Telecommunications
T3	1.名人的职业 2.通过提示猜职业	The world of work
T4	1.课程内容和步骤 2.学生毕业后的计划	After graduation
T5	1.课程内容和步骤 2.播放有关面试的幽默短片并问学生认为取得面试成功所需的条件	The world of work
T6	1.关于 Einstein 所能想到的 2.Einstein 理论在相关领域中的应用 3.是否认为 Einstein 是外星人	Was Einstein a space alien?
T7	1.课程内容和步骤 2.指出课题中的关键词和关键词组 3.放有关考试作弊的幽默短片并问学生看后的感想以及对考试作弊的观点	Honesty is going out of style?
T8	1.课程内容和步骤 2.通过两个圆圈所能想到的 3.学生所知道的	Einstein Imagination and creativity
T9	文章基本结构	A crime of compassion by Barbara Huttman
T10	关于给 Jane 捐款的两难选择	Is everybody happy?
T11	1.课程内容和步骤 2.慢速阅读所带来的好处	The art of slow reading
T12	1.预测课文内容 2.介绍课程内容	Duke MBAs fail ethics test

续表

教师	导入内容	课程主题
T13	1.我们面对学习应持有的态度 2.陈述自己观点并介绍课程内容和步骤	The pleasure of learning
T14	1.好教师应有的品质 2.介绍课文基本内容和教学目标	The teacher who changed my life
T15	1.在上海生活所遇到的问题 2.对其中几个问题进行总结	Living in Venice
T16	1.学生理解的“天堂” 2.介绍文中的岛屿	Island paradise
T17	1.课程基本任务和目标 2.提到压力所能想到的词 3.学生何时会感受到压力	The science of stress
T18	1.教学目标和课程步骤 2.成功对于学生意味着什么 3.看视频总结内容	Success
T19	1.要求学生描述图片所展示的内容 2.问学生为父母所做的事	Are we raising a generation of spoilt brats?

从表 2-1 中可以看出，优秀教师课堂导入的内容与课程的主题是紧密结合的，特别是一些教师在设计导入时，注意每一处导入话题或活动的联接，使导入顺着课程的主题层层递进最终达到导入目的。

优秀教师的课堂导入内容与课程主题的相关性非常高，即使是教授同一课文的教师，由于选择的课程主题不同，其课堂导入的内容也会不同。话语是教师完成联系课程主题这一任务的关键，根据契合课程主题的需要，优秀教师在设计课堂导入时，会设计相关的话题，每个话题中又以若干个小问题组成，教师通过一系列的提问和反馈，结合多媒体的使用，成功地把教学推入课程学习的轨道中。

(二) 联系后续教学环节

优秀教师除了要完成导入内容与课程主题的关联，还要使导入环节与之后的课程环节相关联，不能过于突兀地把教学环节过渡到下一步。结束语是联接导入环节与下一课程环节的关键。上述中已经对优秀教师的结束语类型进行了总结和归纳，我们可以看到，无论是哪一种类型的结束语，其主要功能都是过渡教学内容。比如教师通过与学生讨论“Was Einstein a space alien? ”，提出“ ... So now let’s try to find out what our writer thinks about that.”，短短的一句话暗示了学生接下来的学习任务，即文章作者对这一观点的看法，这也是后面课文的主要内容。教师也是在总结和补充学生的回答后，要求学生在后面的课文学习中自己找到“Was Einstein a space alien? ”这一问题的答案，这和后面的学习内容是紧密契合的。

（三）关联内部图式

Rumelhart 曾把图式分为语言图式、形式图式和内容图式三种。语言图式是学习者所具有的基本语言知识，形式图式是学习者对文章体裁的理解程度，内容图式是学习者具备的有关课程的背景知识。形式图式主要应用于阅读中，因此在课堂导入环节，教师主要考虑的是如何把学生脑海中已有的语言图式与内容图式与新课程的学习联系起来。关于学生词汇量应该有多少，历来说法不一。对于以什么方法测量学生的词汇量也存在不同意见，有的学者以日常会话的常见词汇为标准定义学习者需要掌握的基本词汇；Beglar 以 VST(Vocabulary Size Test)作为测量学习者词汇量的工具；Ogden 与 Richards 曾提供了一份学习英语的基础词汇表，它囊括了 850 个单词，这份词汇表在教学中能降低学习者的学习困难。

虽然英语教师在课堂导入中的词汇类型比一般教师丰富，但是绝大部分优秀教师不会选择生僻词、难词，所选的词汇大都是易懂的基本单词，一些老师也会根据自己学生的实际水平改变语言策略。另外，教师在讲解生词时会利用学生已有的语言图式对新的词汇进行同化，比如，针对学生“Living in Shanghai”所遇到的问题进行总结，要求学生用一个形容词来描述教师所提出的问题，教师这样做的目的是给学生以充分的机会激活自己脑海中的语言图式，并且适时了解学生已有语言水平。教师在讲到“Job market”的时候，学生回答“Competitive”，教师在充分肯定这个答案后给出了自己的答案“Congested”，这两个单词的意思相近，但是学生没有学过“Congested”这个单词，教师通过学生的已有图式来同化新的知识，不仅巩固了学生已知的知识点，也使新旧知识产生了有意义的联接。

教师在课堂导入中还应充分考虑到学生已有的内容图式水平。导入课是整个课程的开始，如果导入的主题过于陌生的话，不仅影响导入的顺利进行，还会直接影响后面教学环节的有效开展。比如，教师的课堂导入是围绕“摩斯密码”展开，其中还有几个问题是要学生猜测几个“摩斯密码”的意思。这一话题超出了学生的内容图式水平，几乎没有学生能够回答上来，课堂一度陷入沉默。除此之外，大多数教师的导入内容都与学生的日常学习和生活紧密相关，取得了很好的导入效果。

五、形成有益交互

教师与学生之间的交互具有一定的模式，最常见的师生交互模式即 Sinclair 与 Coulthard(1975)提出的 IRF 模式。但是随着时间的推移，研究者发现教师与学生的课堂互动模式已经不是简单的IRF模式就可以概括的了，课堂中存在着比IRF更复杂的结构。比如，Boulima(1999)总结了 IRF 的模式的几种变形，即 $I[R(F)]^n(I)(R)(F)$、$IR[IR(F)]^n(F)$、$IRF[R(F)]^n$、$IRF[I(R)(F)]^n$ 模式，李悦娥研究我国外语课堂，并提出了 IRF、IRFR、$IR[I_1R_1(I_2R_2)]F$、IR_1F_1/IR_2F_2 几种交互模式。尽管以 IRF 为标准来分析课堂话语并不是唯一可行的方法，但是这种方法相对简单且有说服力。本研究中的优秀教师在课堂导入中的会话结构主要有以下几种。

(一) IRF

IRF 结构是教师教学过程中的一个最基本的会话结构，特别是在以教师为中心的课堂中被使用的频率最高。在这种会话结构里，教师一般通过发起问题、学生回答问题、教师对学生的回答进行反馈完成一轮交际，比如：

T：That means the other 14 prefer B? (Initiation)

SS：No.(Response)

T：OK.(Feedback)

课堂中单纯的 IRF 会话结构一直被研究者们诟病，Burton 认为，IRF 仅仅是教师把信息传送给学生，而忽视了学生的话语权，学生只能很被动地接受知识。据笔者研究表明，优秀教师在课堂导入中很少使用这种会话结构，只有少数的教师的课堂导入中会使用 IRF 结构的交互模式。

(二) $I_1R_1F_1+I_2$

$I_1R_1F_1+I_2$ 的会话结构是指教师发起话题，学生完成回答后教师对该学生的回答进行反馈，教师反馈后继续对该学生提问，比如：

T：Let’s see the first one，and this is? (Initiation)

SS：Eiffel Tower.(Response)

T：The Eiffel Tower! Very good! (Feedback) And this is? (Initiation)

教师在完成“教师提问—学生集体回答—教师反馈”这一轮交际后，并不直接结束会话，而是紧接着对全体学生继续提问，让学生在一组又一组话轮中进行更多的语言输出。这种类型的师生会话结构在优秀教师课堂导入中十分常见，又如：

T：... So any words you have in mind when think of stress? ... (Initiation)

S：Tired. (Response)

T：Tired，OK! Very good! (Feedback) Any other word? (Initiation)

教师对学生的回答表示肯定后继续要求学生提供更多的语言输出。$I_1R_1F_1+I_2$ 会话结构有助于形成教师与学生之间连续的交际，增加学生的语言输出，但是值得注意的是，教师在使用这种会话结构的同时要注意控制话轮次数，不能把问题过多地消耗在同一个学生身上，应该给予其他学生同样的机会。研究表明，优秀教师在使用 $I_1R_1F_1+I_2$ 会话结构时一般把话轮次数控制在 2～3 次，这一次数比较理想，既能创造课堂的连续交际也不至于浪费太多时间。

(三) $I_1R_1(I_2R_2)F$

这种类型的会话结构指的是学生对教师的提问作出回应后，教师并不直接对学生的回答进行反馈而是通过继续发问引出学生进一步的回答，最后教师对学生的回答进行评论，如：

T：.... What about the gentleman there? Over there? You seem quiet. (Initiation)

S：I am a senior and I am going to graduate next year. I want to work to find a job. (Response)

T：To find a job? What kind of job? (Initiation)

S：En，I haven’t made up my mind yet，but I’ve been looking for，but a number of options，but I can’t decide which one to choose. (Response)

T：OK，whom I think you should make your mind the earlier the better. (Feedback)

教师参考学生的回答内容进一步发起话题，有助于课堂有益交互的产生，我们可以看到，教师的这一段课堂会话更类似于自然会话，学生与教师的会话关系更加平等，这样有助于减少学生畏于老师权威而产生的焦虑感。此外，教师为了引导学生说出正确的答案也会使用 $I_1R_1(I_2R_2)F$ 会话结构，比如，上文中关于教师的例子：

T：... What kind of reading are they doing? (Initiation)

S：Passage. (Response)

T：Doing? (指图片)(Initiation)

S：Fast reading. (Response)

T：Good，fast reading. (Feedback)

教师在得到一个错误的答案时并没有直接对学生纠错，而是通过引导的方法帮助学生独立发现正确答案，这样一来，学生不再是被动的学习接受者，而是知识的发现者，课堂的参与者。

(四) $I_1R_1F_1/I_1R_2F_2...R_nF_n$

当教师提出问题时可能会产生多名学生争相回答的情况，教师在这种情况下不转移话题，而是听取不同学生的回答，并适时对学生的不同回答进行反馈。

T：...Why did you choose A? (Initiation)

S1：I think money would come again，well，life is something when lost you can’t get it back. (Response)

T：OK，so even if you have to suffer the poverty，even if you live in a very shabby house and you long for the rich people's life but you can not because you have donated all the money. ... (Feedback)

S2：But if you donate all the 5000 dollars to the girls，and how，who will save you from the jobless situation? (Response)

T：Very good! (Feedback)

当教师问到参考性问题时，容易出现以上的会话结构。因为参考性问题常常没有唯一的答案，学生可以根据自己的理解或立场各抒己见，学生在讨论中形成一种积极的课堂氛围，有助于创造性思维的激发。优秀教师的课堂导入中很少出现简单的 IRF 会话结构，课堂中出现的会话结构大多比较复杂，教师也会根据学生的反应适时调整会话策略。学生在与教师不断地交际中形成了良好的课堂氛围，并逐步完成教师的导入目标和导入任务。

第三章　英语课堂教学话语提问研究

基于当下的英语课堂缺乏生气和活力，学生沉默现象普遍的现状，教师话语成为沟通师生交往的桥梁，而教师的有效提问则是激发学生学习兴趣、提高学生学习注意力、活跃课堂气氛的催化剂。毫无疑问，有效提问是教学质量的重要保证。然而，当前教师们却对课堂提问话语的关注度相对较低。因此，教师，特别是语言教师，研究如何有效地进行课堂提问至关重要。

第一节　教师课堂话语提问的内涵及研究现状

一、教师课堂话语提问研究的重要性及意义

（一）课堂话语提问研究的重要性

从二十世纪七十年代开始，语言教学法逐渐从听说法转变为交际教学法。研究者更关注课堂中的师生行为。英语教学更加注重学生使用语言和交际的能力。在交际教学法的课堂上，教师话语不仅仅是有效的教学媒介，更是有效的教学工具。一方面，教师话语是示范性的目标语言，是学生语言输入的重要来源。在外语课堂中，教师提问在所有的教师话语中占据最大比例。

选择英语课堂教师提问作为研究课题的原因主要有三个。

首先，教师提问在英语课堂中发挥重要作用。提问已被视为语言教学的课堂中的一种重要媒介，并广泛应用于整个教学过程。据研究，在教师话语中，提问就占据了 20%~40%(王笃勤，2002)。正如 Postman 所说，“知识源于提问”。Peacock 指出，教师提问的目的就在于要弄清楚学生哪些知识掌握了，哪些没有。

提问可用来质疑、促进并发展学生的思维。毫无疑问，提问不仅仅是教师组织课堂的基本工具，还是学生外语语言知识输入的重要来源。在教学过程中，教

师恰当地使用提问话语可以激发学生英语学习的兴趣，并增强他们目标语言学习的自信心。

其次，英语教学大纲指出，英语教学最主要的目的之一是培养学生语言交流技能。教师提问作为一种有效的教学技巧，是学生语言输入的重要来源和语言输出的好时机，也是教师带领学生参与课堂活动的重要方式。有效的课堂提问可以提高教师教学行为水平，增加学生参与课堂的次数，促进师生间的交流与互动，从而提高学生的交际能力。因此，教师提问被看作是所有教学策略和教学活动中最有效、最普遍的教学技能。另外，积极的师生互动是评估课堂教学质量最重要的要素之一，师生互动由教师提问和学生回答完成。因此，对教师课堂提问话语的研究非常重要。

最后，尽管课堂提问是教学过程中最有效、最普遍的教学技能，但在真实的课堂中，提问仍然运用得相对单一。大多英语教师仅仅把提问看作检查学生作业完成情况的方式。比如，教师会通过提问检查学生是否记住了新单词、短语及语法结构。然而，大多数的英语教师会在语言教学过程中忽视课堂提问的作用。“课堂提问作为一种诊断工具，能够让教师探究学生的想法，不仅仅是他们对知识的掌握情况，更应该弄清楚学生的思考方式。”教师们认为，有效提问是一堂优质英语课的重要组成部分。然而，如何进行有效的提问仍然是研究工作者探究的课题。

（二）课堂话语提问研究的意义

首先，教师提问话语分析有助于提高教学质量。教师提问作为最常见的教学方法之一，能有效地促进学生第二语言习得。有效的课堂提问能帮助学生语言输出，促进学生参与课堂活动，增加师生互动交流的机会。因此，对教师提问话语进行分析研究有助于教学质量的提高。

其次，教师提问话语分析有助于教师教学行为的反思，提高提问有效性。对教师提问话语进行分析研究能够让教师在真实的教学情境中认识到教学所存在的问题，发现在语言教学中自身存在的缺陷，不断对其教学行为进行反思，从而提高课堂提问质量和教学水平。

最后，教师提问话语分析有利于促进师生交流及学生的语言输出。师生间的交流互动是英语教学的主要目标，教师提问作为教师课堂语言的重要组成部分，能够给学生提供大量的可理解的语言输入，促进课堂上师生的交流与互动，给学生提供机会来练习目标语言，从而提高语言输出的能力。与此同时，学生的交际水平也会得到提升。

二、教师提问的内涵

《语言教学和语言学应用朗文字典》对教师提问的定义做出了解释："向学生询问事实、观点、信仰等等的句子。"从教学不同的观点出发，国内外许多研究中试图使教师提问的定义更加实际化。Gall(1970)认为教师提问指的是"教师通过一种基本的方法激发学生的思维和学习"。金传宝(1997)认为课堂提问是将学生在课堂中所掌握到的知识转化为课堂指令。Chaudron(1997)认为教师提问是教师在课堂师生互动过程中使用的一系列教学暗示语言。Dillion(1988)提出"Qu：Est"教学策略(理解提问：使能型学生思维)：教师提问是强调师生互动过程的旅程，教师提问能够激发学生学习的积极性。无论从大方面还是从语言教学法来说，教师课堂提问的有序性和动态感是被专家们所认可的。Nunan(1991)对教师提问有不同的定义，他认为，教师提问在课堂组织和语言习得两方面有重要作用。通过有效提问可以让课堂组织和教学过程有满意的成果。

教师提问不仅对目标语言具有显著的示范性，也是学生进行语言输入的重要途径。如表 3-1 所示的教师提问构架，是 Dillion(1988)根据一线教师的教学实践所编制的，能够提供全面的提问方法。

表 3-1　提问教学法

提问前	1.目的——为什么要提问？ 2.准备——如何理解提问内容？
提问中	1.提问——如何组织问题？ 2.回答——谁来回答？ 3.反馈——对回答做出什么反馈？
提问后	1.评估——如何让提问有效？ 2.再设计——下面哪一个问题有效？

表 3-1 是 Dillion 提出的教师提问架构图，正如 Barnhart(1998)所说，有效提问是可以让学生积极地做出回答并积极参与到课堂中来的。根据 Peterman(1996)所说，有效提问通常是开放性提问或参阅性提问，这些提问要求学生运用他们的思维机制来作出回答，能够培养学生的洞察力、认知能力、思维能力和推理能力。

三、教师课堂话语提问的研究现状

教师课堂提问被国内外第二语言习得研究学者广泛关注。语言课堂师生互动的教师话语分析研究在国外历史悠久，为后人留下宝贵的研究成果和学术财富。研究学者把教师提问看做是教师话语的重中之重，并对其做了大量的研究。

（一）国外研究现状

教师提问类型对学生回答和交流作用很大。因此，国内外众多研究学者致力于研究教师提问的分类，每个人依据不同观点有不同的分类。Barnes(1969)观察英语课堂后认为教师提问可以分成四类：①实时性问题，指以“Wh-”开头的提问；②推理性问题，指以“How”或“Why”开头的提问；③开放性问题，指没有唯一答案的提问；④社会学问题，这些问题可以管理或改变学生的行为方式。尽管这种分类有所重复，但开创了对课堂提问类型研究的先河。

Long 和 Sato(1983)认为教师提问有两种类型：①反馈性问题，既语言教师通过话语的反复或学不好英语的原因进行确认了解；②看法性问题，包括展示性问题和参考性问题。展示性问题，即一种教师在提问前已经知道答案，通过提问检查学生是否有掌握到知识点的问题类型。参考性问题则是指教师在提问前也不知道答案，通过提问的方式培养学生思维的问题。

White(1984)以提问答案的数量为基础把语言教师的课堂提问分为两类：开放式问题和封闭式问题。开放式问题有很多不同的答案，而封闭式问题有且只有一种答案。研究表明，教师用封闭式问题(也叫作“有现成答案的问题”）提问的次数多于用开放式问题提问的次数。

Hargie 将课堂提问分为召回式提问/过程式提问和开放式提问/封闭式提问。其中，封闭式提问分为选型提问、“Yes”或“No”提问和识别式提问。

Doff(1988)根据教师提问的形式将课堂提问分成五大类：①需要回答者用“对”或“错”来回答的提问；②需要回答者用“正确”或“错误”来回答的提问形式，即需要学生做出是非判断的提问；③需要回答者做二选一或多选一的提问形式；④以“Wh-”开头的提问形式；⑤启发式提问。Doff 对教师提问话语的分类较其他研究者更为详细。

Pica 和 Long(1986)研究显示，在语言教学的过程中，展示性提问的运用比参阅性提问更加广泛，运用理解检测的次数远远超过求证检测。

然而，Thompson(1997)研究发现“展示性提问可以激励学生课堂互动，参阅性提问有助于学生更加积极地参与课堂互动”。这一结论对我国学者关于提问类型的研究颇有影响。笔者认为，无论是展示性提问还是参阅性提问都有助于学生的学习和理解。

Perrott(1982)和 Jacobsen 等人(1999)研究指出，在课堂教学中教师经常使用的课堂提问策略有四类：①自我剖析；②激励；③探究；④重新定向；除了这四类课堂提问，还有另外四类课堂提问策略也是教师在教学过程中经常使用到的：①重复；②释义；③分解；④翻译。该研究对提问策略进行的非常详细的分类，为之后的研究提供了参考。

Ornstein(1990)对课堂提问策略的作用做了大量的研究，认为合适的课堂提问策略有助于学生更好地理解所学的知识，激发学生的开放性思维。这为教师提高提问质量提供了指导性的建议。

(二) 国内研究现状

国内关于教师提问类别的研究众说纷纭。梅德明(1986)从语言功能的角度对教师提问进行分类。王笃勤(2002)和傅道春(1993)从课堂教学的内容、材料和结构的角度对教师提问的类型进行了详细的分类。对国内教师提问类别的研究作出了巨大的贡献。

赵晓红(1998)对高等学校英语课堂教师提问应用的调查显示展示性提问的课堂应用次数比参阅性提问多。她建议英语教师应提高参阅性提问的次数，这样能使学生思考更加有深度。笔者认为语言教师在不同的教学环节中应侧重不同的提问类型，而不能一味地追求参考性提问而忽略展示性提问的作用和价值。

以下是国内关于教师课堂提问的策略的研究。罗颖(1999)研究了不同的课堂提问策略，这些策略对课堂教学有不同的影响，这对本次研究给予了很多帮助和启发。张耀华(2002)研究认为“Yes-No”提问有助于将“以教师为中心的课堂”转换为“以学生为中心的课堂”，使学生积极地参与到课堂活动中来。该研究倡导了“以学生为中心”的教育理念，但仅仅认为“Yes-No”提问有助于发挥学生的主动性的这一观点过于片面，笔者认为不同年龄阶段的学生的思维发展情况不同，因此应该采取不同的提问策略。

第二节　教师提问的类型研究

研究者们对教师提问的类型划分众说纷纭。本研究依据 Long 和 Sato 的理论将教师提问分为两类：展示性提问和参考性提问。

展示性提问指教师在向学生提问前已经明确了问题的答案的提问，即对已知信息的提问。答案具有封闭性和确定性。展示性提问的主要目的是使学生能够展示他们已有的语言知识，同时也是教师对学生学习情况的一种最直观、最明确的一种检查手段。通常，展示性提问的答案在词法和句法上都相对简单。教师在提问前设计好答案，并通过暗示引导学生运用现有答案来回答。如果学生的回答与教师的预期答案不符合，就会得到教师负面的评价，或者有时教师会继续进行引导式的追问，从而使学生的答案符合教师的预期。正如 Pica 和 Long 提出的：“教师是一种‘认识者’，他的基本功能是提供信息，并通过要求学生展示他们的语言知识来检测学生是否掌握该信息。”下面以教师的一些展示性提问为例：

(1) How many suggestions do they come up with?

(2) What's his first book?

(3) What does “plate” mean?

(4) What is the natural order in his father's opinion?

(5) Did he feel relaxed?

参考性提问指的是教师不能提前设计好答案的提问。答案具有开放性和不确定性。学生在思考答案的过程中需要作出解释和判断。教师对学生提出参考性提问是提高学生的语言水平和交际能力的最佳选择，同时也是学生对课堂所学的语言知识进行输出的最佳方式。以下抽取教师的一些参考性提问为例：

(1) What would you say to your son，if your son chose the house father's lifestyle?

(2) How does it make you feel?

(3) What can you infer from this sentence?

(4) What would you feel or how do you describe your feelings when you make mistakes?

(5) Before we read the article，what are you interested in or what would you like to get from the article?

赵晓红提倡教师课堂上提出参考性问题的次数应该要比展示性问题多。新课程改革要求教师给学生提供更多的机会训练他们的目标语。展示性问题的答案往往比较简单，学生用几个简单的单词、短语或句子就可以回答出来，而学生要回答参考性问题就需要想对复杂、高级的句子，这有助于促进语言学习者的思考。因此，参考性问题不仅能提高学生训练目标语的机会，更能体现一名语言教师的教学能力。

教师们通常会把课堂分为三个环节：导入环节，新知呈现和练习环节，思考讨论环节。每一个部分有各自不同的教学目标，教师会根据不同的教学阶段选择不同的课堂提问类型。

研究表明，在课堂导入环节，教师会侧重于参考性问题的使用，这些问题会与课堂教学主题有关亦或与学生的日常生活息息相关，从而能够激发学生的学习兴趣，引起学生的注意力。例如，教师 2 的课堂教学主题是 The Quest for Convenience，教师 2 使用了这样的提问导入：“If you use your cellphone for about two hours a day，would you please raise your hand?”，“Why are you so crazy about your cellphone?”和“Have you ever realized that when you use your cellphone too much，you have lost something？What have you lost？”。当今人们使用手机的频率越来越高，手机日益成为人们生活、工作、学习的必需品。教师以“手机”这种学生耳熟能详、与日常生活关系密切的话题作为课堂导入的切入点，让学生有话可说，从而能够更好地引起学生的注意力，激发学生对教学内容的学习兴趣。大部分学生都踊跃地举手发言，回答了教师的提问。

在新知呈现环节，教师通常会选择更多的展示性问题来帮助学生更好地理解课文。例如，在给学生 5 分钟的时间进行课文浏览后，教师要求学生完成表格。

What	The NewYear	Carnival
When		
How		
Why		

要完成这个表格，就需要学生在文章中找到相关信息和关键词。完成表格之后，学生能对课文内容有一个大致的把握，熟悉教学内容，同时可以体会到课文的中心思想。研究证明，在教学内容的理解环节，展示性问题比参考性问题更有效。

在最后的深入讨论环节，话题要紧紧围绕教学内容，课后阅读材料和学生的生活经验。在这个环节，教师往往选择参考性问题，让学生对教学内容有一个深度思考，鼓励学生畅所欲言。教师的话题是“To Erris Wrong”，她在最后给学生提了三个思考题：“What do you think of making mistakes in using English？”“Are you always active in English class？”和“Will you feel ashamed of saying something wrong？Or will you just keep silence if you are afraid of making any mistakes？”。这三个思考题都是参考性问题，不仅能够巩固教学内容，加深学生对所学知识的印象，还可以给学生提供更多目标语输出的机会。因此，在教学的讨论环节，可以多设置一些参考性问题。

从课堂提问的类型来看，英语教师使用的参考性问题比展示性问题多。展示性问题可以训练学生单词、短语和简单句的输出能力；参考性问题能够提高学生对于复杂句的输出能力。因此，英语课堂需要设置更多的展示性问题。

教师会根据不同教学阶段的教学目标设置不同的提问类型。在课堂导入阶段，教师会倾向于使用更多的参考性问题，这些参考性问题往往与教学内容和学生的日常生活学习息息相关。通过向学生提出参考性问题引起学生的注意力，激发学生的学习兴趣。在新知呈现和语言练习阶段，教师则会设计较多的展示性问题。

这些展示性问题能够帮助学生更好地理解课文，掌握和运用语言知识。最后的课堂讨论阶段，大多数教师会通过向学生提出参考性问题来促进学生深度思考，鼓励学生畅所欲言。

第三节 教师提问的策略研究

提问策略，也叫提问技巧，指的是教师在课堂上，为了成功有效地完成特定的教学目标，根据课堂氛围，学生心理、知识建构的不同和所授内容的不同而采取的教学技巧。在课堂的教学过程中，教师的有效提问可以促进学生目标语言的输入。为了顺利地完成教学任务，教师会使用到提问的策略。Ornstein 提出：“教师使用恰当的提问策略有助于学生更好地理解和掌握教学内容，系统地阐述自己的观点和看法。”通常有四种提问策略：自我解释策略(self-explaining)、促发策略(prompting)、探究策略(probing)、重复提问策略(redirecting)。

研究表明，并不是所有的课堂提问都会使用这些提问策略。在英语课堂教学中，如果教师对学生的提问较难，那么教师选择使用提问策略的概率较大；但是如果教师的提问对学生来说不难回答，那么教师可能不会设置提问策略。课堂语言应该像“可理解性输入”一样简单易懂，学生才能积极地参与到课堂活动中来，这样教师的教学任务才能顺利完成。

提问策略在教师提问中占有非常重要的地位，使用恰当的提问策略可以使学生明白难懂的问题。研究提问策略对课堂提问意义重大。

一、自我解释策略(self-explaining)

课堂上，教师通常会在学生回答提出的问题之前，使用自我解释策略向学生解释问题。教师使用自我解释的提问策略可以让学生更加清楚明了问题，扫除学生理解问题的障碍。例如：

T：What do you think of making mistakes in using English？I mean，will you feel shamed of saying something wrongin English？

有时在语言教学的过程中，问题中出现的单词或短语学生不熟悉，导致对问题的理解存在困难，这时教师使用自我解释的提问策略就可以帮助学生理解问题。

下面以教师为例：

T：Why did he feel trauma？

S：(无反应)

T：What is trauma？Trauma is a mental condition caused by severe shock，especially when the harmful effects last for a long time. So why did he feel trauma？

二、促发策略(prompting)

Perrott(1982)指出，促发策略指的是教师通过暗示引导学生回答问题，解决问题，或者纠正原本错误的答案的一种提问策略。当学生回答不出问题或者答案不正确的时候，教师会采用促发策略对学生继续发问，或者做出评论引导学生的答案，亦或引导学生做出正确的回答。Perrott(1982)认为促发策略通常发生在以下三种情况：①学生给出“我不知道”的答复；②力度不够的答复；③不完整或者不正确的答复。Eggen 和 Kauchak(1989)认为，促发策略是指教师在学生在不能回答问题或是答案不完整或不正确的时候，教师引导学生做出回答的一种提问策略。教师会在学生反映过后，换种方式表述问题，让学生更容易理解。如果教师提出的问题已经清晰明了，那么应该给学生提供一些有助于他们组织答案的暗示。例如：

T：How did he feel after quitting？

S：(没有回答)

T：Did he feel relaxed？

教师通过使用促发策略可以有效地使学生完善自己的答案。课堂教学中，教师会使用促发策略进行提问来提高学生认知能力，促进学生思考。例如：

T：What can you see in these pictures?

S：(无反应)

T：Can you see what it is in picture 1?

S：Lake.

T：Lake，yes! What kind of lake?

S：Quiet.

T：Yes，very quiet lake. How about the clouds?

S：White.

T：White，yes! Compare with the first one，how about these condone? What’s it in this one?

S：Waterfall.

T：Waterfall，and here is an eagle，right? So which one do you think is more peaceful?

在这个例子中，教师首先提出的问题“What can you see in these pictures? ”是比较宽泛的，学生没有做出回答。之后教师将问题细化成“Can you see what it is in picture 1? ”“What kind of lake? ”“How about the clouds? ”“Compare with the first one，how about the second one? What’s it in this one? ”和“So which one do you think is more peaceful? ”，依次引导启发学生回答出正确的答案。也就是说，促发策略可以用于在学生对问题没有做出反应的情况下，逐步引导学生发现正确的答案。 在师生互动的过程中，教师通常会向学生提供一些暗示或线索。根据 Long 的交互假说理论，这些暗示和线索可以让学生更容易回答问题，从而有更多的机会对目标语进行输出，最终享受成功的喜悦。

三、**探究策略**(probing)

Jacobsen 等人(1999)认为，“虽然学生有时候的回答是正确的，但因为思考的深度不够从而使得答案不够完整。在这种情况下，对于教师来说是至关重要的是给学生提供一些补充的信息来得到更加完善的回答”。这种策略就叫探究策略。

有时学生的回答很可能比较浅显，所以探究策略是非常重要的提问策略。教师通过探究策略，可以让学生有一个深度的思考，挖掘并探究事物的本质规律。探究通常建立在学生原始的答复之上，目的在于更深层次地挖掘学生对问题的理解，并促进目标语的输出。例如：

T：What do you think of seeing a woman talking a lot like that？

S：I feel bothered.

T：Why do you feel bothered？

教师通过使用探究策略进行提问可以让学生对问题进行深入思考。例如：

T：One of the neighbors asks Rick that why he didn’t to work，what is the answer for Rick？Rick says ...

S1：He says，“I am working out of my house now”.

T：Good，...，Let me ask you a question then，do you think Rick actually is telling the truth？

S2：I don’t think so.

T：OK，so why didn’t he proudly claimed that “I am a house father”？

S3：I don’t think he was proud，I think he wash esitated.

T：He was hesitated about what？Why was he hesitated？Because what？Because...

S3：Because I think he was afraid of people’s mind，he was afraid that other people laugh at his choice.

T：Why？ Why did people laugh at his choice？

S4：Because his choice was socially acceptable.

在这个例子中，教师通过探究策略向学生进行一系列的发问促发学生深入思考。教师通过 5 个提问“what is the answer for Rick？”“do you think Rick actually is telling the truth？”“so why didn’t he proudly claimed that ‘I am a house father’？”“He was hesitated about what？Why was he hesitated？”“Why did people laugh at his choice？”循序渐进地引导学生给出满意的答案。毫无疑问，学生自己组织出

来的答案可以使他们更好地了解课文内容。同时，在探究的过程中，学生可以对回答做出进一步的诠释。

四、重复提问策略(redirecting)

同一个问题在不同的个体身上会产生“仁者见仁，智者见智”的效果。Penny(1996)指出：“重复提问是指向不同的学生提出同一个问题。”教师通过采取重复提问策略，可以从不同学生中获得不同的答案，给学生提供了更多各抒己见的机会，同时也增加了学生参与课堂活动的次数。教师说的时间少了，留给学生表达的时间多了。正如 Jacobsen 等人(1999)所说，“重复提问策略包含一个没有标准答案的问题和不同学生的不同答案”。Peacock(1990)认为当第一个同学没有回答出问题的时候，教师会采用重复提问策略对下一个学生进行提问。

教师通常在期望学生对一个问题有不同的诠释或例子的情况下使用重复提问策略。

在所有提问策略中，重复提问策略使用比例最大。例如：

T：Now，we are going to read an article，the title is The Man Who Made Spelling Simple. Before we read the article，what are you interested in？What would you like toget from the article？

SS：(无反应)

T：The title of the article is The Man Who Made Spelling Simple，so before you read it，what would you like to get from the article？The boy，please？

S1：Why did he made spelling simple？

T：Why did he made spelling simple，thank you very much. The young lady，What are you interested from the title？

S2：How did he made spelling simple？

T：How，yes! How and why. Anything else？Any information would you like to get from the article？Yes，please？

S3：When did he made spelling simple？

T：OK，when did he made spelling simple. Yes，thank you. What else？What else would you like to get from the title？

S4：What's the influence after he made spelling simple.

T：What's the influence，good!

在这个例子中，教师的提问一共重复了 4 遍。当教师第一次提出问题的时候，全班同学没有做出反应，可能是学生没有听清楚问题，或是还没有明白问题的意思，也可能是在思考问题的答案。在教师重复了一遍问题之后，有学生举手并回答了问题。之后学生对教师重复的问题都能踊跃举手回答。这说明教师的重复提问策略是有效的。教师不仅通过重复提问策略不仅可以让学生听清楚问题，明白问题的意思，同时还可以给学生提供足够的时间来思考问题并准备答案。

然而，并不是所有的重复提问策略都是有效的。例如：

T：What would you do when you make some mistakes？

S：(无反应)

T：What would you do when you make some mistakes？

S：(无反应)

T：What would you do when you make some mistakes？

……

在这个例子中，教师不断重复问题“What would you do when you make some mistakes？”，然而学生均没有反应，那么这样的重复提问策略就是无效的。我认为，教师在第二次提问学生仍然没有反应之后，应改变提问策略。将提问“What would you do when you make some mistakes？”改为“Will you ask your parents or teachers for help or talk with your close friend？”。在这种情况下，也许促发提问策略会比重复提问策略更有效。虽然重复提问策略可以让学生有时间思考问题，但不断地使用这种策略只会使学生感觉枯燥，效果不尽如人意。因此，使用恰当有效的提问策略是至关重要的。

有效的课堂提问策略是优质课堂的重要保证。有效的提问策略能激发学生的学习动机，启发学生的思维，同时还能培养学生的参与能力。教师不能一味地使用一种策略，要根据提问的目的设置不同的提问策略，并根据实际的教学情况做出适当的调整。比如，如果教师一直使用重复提问的技巧，学生会感到乏味，这就达不到一个好的教学效果。

第四节　教师提问的方式研究

教师提问的方式多种多样，根据不同的教学目标，课堂提问有不同的方法。基于提问目的，Nunan(1991)将提问方式分为以下四种类别：

(1) 指定回答(Nominating)：仅向一名学生进行提问；

(2) 齐声回答(Chorus-answering)：向全班同学进行提问；

(3) 自愿回答(Volunteering)：通常一些开放式的问题或一些强调学生的语言表达能力和独立思考能力的问题可以让学生自愿回答；

(4) 教师自问自答(Teacher self-answering)：当一些问题学生回答不出来，或是答案不够完善的时候，教师使用自我解释的方式帮助学生回答问题或完善问题。

教师应该有这样一种意识，那就是什么时候应该向全班提问，什么时候应该指定学生回答问题。不同的提问方式会导致学生产生不同的答案。

研究表明，在四种提问方式所占比例中，学生自愿回答方式是占比最大的，为 47.2%；排在第二位的是全班回答的提问方式，占比为 34.8%。

如果教师的课堂气氛都很活跃，绝大多数学生都能积极地参与到课堂活动中去，踊跃地举手回答问题。为了鼓励更多的学生积极举手发言，教师会根据学生语言能力的不同设置不同的提问方式。

当教师选择设置全班回答的提问方式时，问题的答案通常较容易从教学内容或背景知识中找到。另外，设置全班回答的最佳提问类型通常是展示性问题。例如：

T：Can you find out some problem adjectives from paragraph 2 to describe the picture？For example，lake，what kind of lake here？

SS：Calm.

T：Calm lake，good，and how about the mountains？

SS：Peaceful and towering.

T：Yes，and the clouds？

SS：Fluffy.

T：Fluffy white clouds，and comparing with the first one，how about the second one？How about the mountains ，what kind of mountains？

SS：Rugged and bare.

在本例中，教师设置了 4 个与主题相关的提问，学生可以很容易地在课文中找到相应的答案，因此在这里使用全班回答的提问方式教师不仅可以高效地完成教学任务，同时，学生也有了公平参与课堂的机会。

教师使用自问自答的提问方式占 9.9%。当问题对学生来说很难回答或教师试图给学生一些暗示的时候，会使用到自问自答的提问方式。例如：

T：What is “batten”？You know what is “batten”？

SS：(沉默)

T：No？“batten”is used as a noun，it is a strip of wood used to fix or support. Got it？

在本例中，教师向全班提问一个单词“batten”的含义，而全班没有反应。学生的沉默有两个原因：第一个原因是学生并不认识单词“batten”，因此回答不出来；第二个原因是学生知道单词“batten”的含义，但在语言表达方面存在困难。为了节省时间并保证教学过程顺利进行，教师选择了自问自答的方式。

教师使用指定学生回答问题的提问方式占 8.1%。使用这种方式提问的目的通常为以下三种：第一种是用来提醒开小差的学生；第二种是向全班提问没有反应，或是没有学生举手回答的时候，用来保证课堂教学的顺利进行，缓解紧张的课堂气氛；第三种是提问的答案不具唯一性，不同的个体会对问题有不同的表达或观点。例如：

T：When he first became a house father，how did he feel？

SS：(沉默)

T：Well，who can answer me？How did he feel？This young lady？(指定)

S1：Afraid.

T：OK，how about you？(指定)

S2：Awkward.

在本例中，教师提出了“How did he feel？”的问题后，全班沉默了 3 秒没有人回答，这时为了确保教学的顺利进行，教师指定了学生来回答。同时对于这个问题，学生给出的答案可能不一样，所以教师指定了两名学生，不仅活跃了课堂气氛，还促进了全班同学的发散性思维。

使用学生自愿回答的提问方式占 47.2%，是占比最大的。这种问题的答案设置通常比较简单。使用学生自愿回答的提问方式可以有效地活跃课堂气氛，提高学生的注意力，充分体现了“以学生为中心”的教学理念。例如：

例 1：

T：The first question？Why did Noah Webster simplify English spelling？Who can tell us the answer？Yes？

S：Noah Webster felt that written English in the newly independent United States should have a distinctive“American”look.

例 2：

T：The title of the article is The Man Who Made Spelling Simple，so before you read it，what would you like to get from the article？The boy，please？

S1：Why did he made spelling simple？

T：Why did he made spelling simple，thank you very much. The young lady，What are you interested in the title？

S2：How did he made spelling simple？

T：How，yes! How and why. Anything else？Any information would you like to get from the article？Yes，please？

S3：When did he made spelling simple？

T：OK，when did he made spelling simple. Yes，thank you. What else？What else would you like to get from the title？

S4：What’s the influence after he made spelling simple.

T：What’s the influence，good!

本例中，教师的两次提问都使用了让学生自愿回答的方式。例 1 中的问题“Why did Noah Webster simplify English spelling？”属于展示性提问，并且答案在文章中可以找到，对学生来说相对容易，所以教师选择了自愿回答的提问方式。例 2 的问题“what would you like to get from the article？”属于参考性提问，一开始的时候没有学生主动回答，教师继续提问，并指定学生回答后，学生们开始踊跃举手发言，课堂气氛非常活跃。学生在老师指定对象回答之后才纷纷开始举手回答的原因大致有三点：第一点是没有听清楚问题；第二点是学生在回答之前需要思考的时间；第三点是在第一名同学回答之后开始有了思路。教师使用学生自主回答的提问方式提高了学生学习的注意力，充分调动了课堂气氛，让每个学生都有机会进行目标语的输出训练，能够积极地参与到课堂活动中来。

当教师在设计课堂提问的时候，首先应该对学生可能做出的回答做一个预期，比如“学生是否熟悉这个话题”“学生更容易理解哪一类型的问题”。Arends(2005)指出，鼓励更多的学生积极参与到课堂活动中来对教学来说非常重要，不能仅仅是那些拔尖的学生。教师应该针对不同水平的学生设计不同的问题，让所有的学生都学有所获。

在英语课堂教学实践中，教师需要充分利用不同的提问方式来保证课堂教学的有序进行，给学生足够的机会锻炼目标语的输出，表达自己的观点和看法，体现了“以学生为中心”的教育理念。

第五节　对英语教学提问话语的启示

教师提问对于语言教学非常重要，同时存在这一些问题。教师必须重视有效提问，促进第二语言的习得。基于本次研究结论，下面总结出英语教学过程中关于教师提问话语的一些启示。

一、对教师提问类型的启示

由于不同教学阶段的教学目标各不相同，英语教师会使用不同的提问类型。

首先，在课堂提问之前，教师应该设计好不同的提问类型。与学生认知水平、兴趣爱好和日常生活相关的问题是学生比较容易回答的。其次，教师使用的提问类型应该根据不同教学阶段当中的教学目标。提问的类型取决于提问的目的。教师使用不同的提问类型可以增加学生参与课堂活动的积极性，活跃课堂气氛。最后，有效提问对于语言教学至关重要，是学生目标语输入的来源，同时也给语言输出提供更多的机会。

二、对教师提问策略的启示

英语教师应使用恰当的提问策略才能有效地启发学生思维，促进学生语言表达能力的提升。教师使用不同的提问策略有助于教学目标的顺利达成。重复提问策略是有效活跃课堂氛围的最佳选择。教师采取重复提问策略进行提问，可以从不同学生中获得不同的答案，给学生提供了更多各抒己见的机会，同时也增加了学生参与课堂活动的次数。促发策略和探究策略有助于学生循序渐进地说出满意的答案。教师使用自我解释的提问策略可以让学生更加清楚明了问题，扫除学生理解问题的障碍。教师应在教学过程中根据学生的反映情况变换使用不同的提问策略，避免学生产生枯燥感。

三、对教师提问方式的启示

教师应该有这样的意识，那就是提问的对象应该是面向全班学生，而不是某一个学生。当教师指定某学生回答的时候，应该考虑到其他水平不一的学生。教师应努力给学生创建一个真实自然的语言学习环境，激励学生自愿、主动地回答问题，激发学生的学习兴趣，积极地参与到课堂活动中来。

本研究认为英语教师应该真正倡导“以学生为中心”的教学理念，树立学生主体意识。“以教师为中心”的课堂在我国仍然比较普遍。教师自问自答的现象很突出，学生发言的机会很少，教学效果不佳。而在“以学生为中心”的课堂中，学生能够受到鼓励积极参与到课堂活动中，成为学习的主人。“以学生为中心”的课堂对于外语教学的师生都很重要。学生有更多的机会对目标语进行输出训练，提高语言技能和水平；课堂气氛活跃，学生积极思考发言，教师的教学任务也能有效完成，提高教学质量。因此，英语教师应转变教学理念，由“以教师为中心”的英语课堂转变成“以学生为中心”的课堂。

“以学生为中心”的英语课堂要求教师做到：第一，转变角色和观念。由知识的灌输者的角色转变为学生学习和活动的组织者和参与者。在师生互动中，教学应是启发的过程。以学生为主体，依学定教，因材施教，鼓励学生自己去发现和领悟，用自己的语言表达，给学生创建一个自主发展的舞台。第二，重视学生的需求和兴趣。学生是教学的主体，教师应多多关注学生不同的需求、兴趣和学习动机等。

第四章　英语课堂教学话语的真实性研究

本章从话语的情景真实性、语言真实性和内容真实性三个方面讨论了英语教师课堂话语的真实性问题。应该承认，大多数英语教师能够认识到课堂话语真实性的价值和意义，在教学中也努力使用真实的话语。但是，由于各种主客观因素的影响，英语课堂上教师话语不够真实的现象非常普遍。主要表现在以下三个方面：第一，教师在创设情景的过程中，有时只考虑到教学的目的，而忽视真实交际情景的一般要求，导致教学中创设的情景缺乏真实性。如果交际情景缺乏真实性，其中的话语也很可能缺乏真实性。第二，由于片面考虑语言知识的讲解与操练的需要以及教师本身的英语语言素养等原因，教师在课堂上使用的语言有时不够真实。教师使用的很多语言在现实生活中很少使用，甚至根本不存在。第三，由于教师没有把课堂上的师生交流看作是真实的思想交流和信息交流，导致教师课堂话语的内容缺乏真实性。本章结合具体实例从以上三个方面讨论英语教师课堂话语的真实性问题。

第一节　课堂话语真实性研究概述

20 世纪 70 年代兴起的交际语言教学思想和 80 年代发展起来的第二语言习得理论都认为，在语言学习过程中，学生应该接触真实、自然的语言。在接触真实、自然的语言的过程中，学生应主要关注语言使用的目的和语言表达的意义，而不是语言的形式。另外，学生应尽可能在真实的语言实践活动中使用语言，而不是在教师的控制下机械地操练语言形式。受上述语言教学思想的影响，“真实语言”(real / authentic language)、“语言的真实性”(authenticity)以及“真实交际”(real

communication)等概念和术语在语言教学的文献中频繁出现。

其实，在现有文献中，“真实性”有不同的含义。在交际语言教学中，“真实”一般指交际具有真实的目的。只有具有真实交际目的的交际才是真正的交际。比如，交际中存在信息沟时，就可能有真实的交际。也就是说，真实交际就是交际各方都希望从对方获得自己希望获得但目前尚不具有的信息。比如，一位教师不知道班上某位同学的名字，她／他问这位同学“What's your name？”时，这样的交际具有真实性。如果教师已经知道这位同学的名字而还要问这个问题，那么交际就缺乏真实性。当然，在实际语言使用中，交际各方也可能出于特殊目的，不遵守这一原则。另外，寒暄、问候等场合中的交际虽然有可能不涉及真正的信息交换，但也属于真实交际。

在任务型语言教学理论里，“真实性”一般指语言学习中的任务与真实世界中的任务的相似性。真实的任务是那些接近或类似现实生活中各种事情的任务，也就是说学生离开课堂以后在学习、生活、工作中可能遇到的各种事情，如预订飞机票、写信、在地图上找到目的地、查找电话号码、收听天气预报等。而那些以学习和巩固语言知识为主的句型转换、选词填空、修改错误的语言学习活动则不是真实的任务。

在有关教材编写的文献中，“真实性”指语言素材必须与现实中使用的语言基本一致，即教材涉及的语言现象应该是真实、地道的语言，而不是假想的语言或编造的语言。张德禄等根据功能语言学的理论，讨论了真实语料的特点和价值。他们认为，真实语料的概念是针对教材中和教学中的编造的语言而提出来的，其意思是在非教学环境中(即自然交际中)运用的语言。由于从语境的角度所选择的语料必然是语篇，所以真实语料就是社会交际中实际出现的真实语篇，而不是作者(教材编写者)根据自己的需要而编造的语篇。

在外语教育领域，现有文献在讨论真实性的问题时，主要是讨论交际活动真实性和学生使用的语言材料的真实性，很少涉及教师课堂话语的真实性。其实，教师与学生在课堂上进行的交流也是交际活动，它既是教学的过程，也是学生发展交际能力的过程。教师在课堂上说的话，既是教学的语言，也是学生学习的语言材料。因此，无论是关于交际的真实性的讨论，还是关于语言材料的真实性的讨论，都适用于教师课堂话语。也就是说，英语课堂上的教师话语也应该具有真实性。

如果教师说话时使用真实的语言，则能为学生提供接触真实语言的机会。同时，具有真实交际目的的语言有利于提高语言学习者的学习动机和学习兴趣。如果学生在学习过程中不能接触大量的真实语言，那么他们就不能发展实际语言运用能力，在实际的生活和工作中遇到真实语言时，他们会感到捉襟见肘。对于大多数中国英语学习者而言，课堂是他们接触英语的主要场所。而教师话语又是课堂上学生语言输入的主要来源之一。因此，教师在课堂上应该尽量使用真实语言。

那么，英语教师课堂话语的真实性究竟指什么呢？英语教师课堂话语的真实性可以从三个方面来考察：①交际行为的真实性，即课堂上的师生交流符合真实、自然交际的特征，具有真实交际目的，按照真实交际原则进行交际。我们把这方面的真实性称为话语的情景真实性；②话语中的语言真实性，即教师使用的语言是现实生活中使用的语言，而不是编造的、不存在的语言；③话语的内容真实性，即教师说的话是真实的，而不是虚假的。比如，当教师说“I will bring you some photos tomorrow”时，她 / 他应该是真心实意地打算第二天带一些照片来，而不是随意的空口承诺。

一、教师课堂话语的情景真实性

受交际语言教学思想和第二语言习得理论的影响，很多语言教学研究者通过把英语课堂与真实社会的交际情形进行比较，来分析语言课堂的交际性。同时，关注教师课堂话语的研究者也经常用真实、自然的话语的标准来衡量教师课堂话语的真实性。Walsh(2002)研究了互动式师生话语的特点，其中很多特点与真实、自然话语的特征是一致的。比如，在真实的师生互动话语中，教师针对学生发言的内容提供个人的反馈意见，而不是针对语言形式的准确性提供反馈意见，这样更加有利于师生之间的互动话语继续按照真实交际的轨迹进行，而不是转向语言形式的纠正与操练。

一般认为，具有交际性的课堂话语具有以下特点：

(1) 教师尽量使用参考性问题，尽量减少展示性问题。使用参考性问题有利于鼓励学生表达真实的思想，因而更加接近真实交际。

(2) 反馈时教师主要针对学生发言的内容作出反馈和评价，而不是针对语言形式的准确性进行反馈。只有学生使用的语言形式影响交际正常进行时才纠正学生的错误。

(3) 教师在解释、提问和发出指令时，根据需要适当地重复自己的话语或者调整语言，比如重新措辞、简化语言。教师尽量使用口语化的语言，使用自然交际中的停顿、犹豫等交际手段。

(4) 教师积极与学生进行意义协商，根据需要请学生澄清和重复，鼓励学生插话或提问。

(5) 师生交流的话轮根据交际的需要自然转换，而不是由教师一个人控制。

反之，如果教师过多使用展示性问题，反馈时过多地关注语言形式，机械地重复学生的回答，一味地按照 IRF 课堂话语结构进行互动，那么这样的课堂话语就可能缺乏真实性和交际性。

但是，很多研究者认为，课堂的话语不同于真实社会语境中的话语，分析课堂话语不能简单地把这些话语与真实社会话语进行比较。Breen 和 Candlin 认为，课堂的主要目的是教育而不是社交，课堂有独特的交际法则和传统，其交际类型与以社会行为为主的小型社交场合的次序和准则可能有很多差异。课堂是特殊的社会活动场合：它具备特定的社会组织(班级与小组)、社会角色(作为权威的教师与有着不同家庭背景和群体背景的学生)、社会文化(如有目的、有计划的教育或教学人际交往模式)和社会规范(如课堂规章制度等)。课堂的这些社会性特征促进并同时制约着各种基本的社会性话语互动行为的产生。所以，研究者不宜简单地根据自然话语的特征来评价外语课堂交互活动的特点，因为它忽视了外语课堂话语的动态性和复杂性。在教师占主导地位的班级里，课堂话语显然是教育模式的话语。即使在以学生为中心的课堂，虽然话语具有很多自然谈话的特征，但还是无法摆脱教育的属性。正如 Kumaravadivelu(1993)所言，即使在交际性的课堂里，教学活动也可能并不具备真实世界的交际性。所以在课堂任务设计中一味地追求模拟现实生活是不现实的。

我们承认课堂是特殊的社会活动场合，它有重要的教育和教学目的，课堂上的师生交流并不都是真正意义的交际。即使是课堂上学生参与的各种交际活动，也不是真实的社会交往；不管这些活动的目的是练习语法形式，还是尝试使用各种功能的表达方式(如问候、道歉)，它们都不是具有真实目的的语言运用。但是，这并不意味着课堂上的语言交际不需要追求真实性和交际性，并不意味着英语教师课堂话语不需要具有真实性和交际性。

强调课堂交流的真实性和交际性，并不是说课堂上的交流都必须是因为真实交际需要而产生的交流。比如，为了呈现某个语言项目，教师需要构建一个语境。教师创设情景本身不是因为真实交流的需要而创设的，而是为了达到某个教学的目的。但是，创设语境之后，如果师生置于创设的语境之中进行交流，那么他们的话语就应该具有真实性和交际性。正如 Thornbury(1996)所说，课堂上教学过程的真实性不在于课堂是否存在所谓的交际活动，而在于互动中话语的质量。也就是说，课堂上的活动本身可能不是真正的交际活动，而是虚拟的或假设的交际活动，但在活动中教师和学生说的话语应该具有真实性和交际性。我们经常在课堂上听到学生这样作自我介绍：“Hello，my name is ×××. I’m ten years old. I’m a boy. I’m in Class 1，Grade 4.”，显然，相互已经很熟悉的学生一般不需要向本班同学作自我介绍。但是学生将来可能需要向其他人作自我介绍，所以课堂上可以假设一个需要作自我介绍的情景，让学生尝试作自我介绍。课堂上的这个活动本身不是真实的交际活动，但是学生说的话应该尽量与真实交际时一致。在上面的这段自我介绍中，学生显然不需要说 I’m a boy，因为当面作自我介绍时，听话者能看见说话者，能够辨别说话者是男生还是女生，所以 I’m a boy 就是缺乏真实性的语言。

再比如，为了学习就医情景中的某些语言，课堂上教师创设一个患者到医院就医的情景，教师与一个学生分别以医生和患者的身份进行交流。虽然这个情景是模拟的，但在交际过程中，教师和学生都应该按真实的就医情景进行交际。在谈话过程中，如果教师或学生不按照就医情景通常的交际规则进行交流，或者说一些就医情景中一般不说的话，那么他们的交流就缺乏真实性。

关于课堂话语的交际性，Cullen 的观点值得大家思考。Cullen 认为，判断课堂话语是否具有交际性，应该分析这些话语在课堂语境中是否具有交际意义，而不是看这些话语在其他语境中是否具有交际性。我们以提问这一常见交际行为为例作进一步阐释。在真实的交际中，人们提问时主要有以下几种目的：①未掌握信息而希望获得信息；②寻求帮助、建议等；③质问或询问；④检测被询问人的知识。那么，课堂上教师向学生提问时的目的是什么呢？不可否认，教师课堂上提问时也可能有真实的交际目的，但是相当多的课堂提问不具有以上列举的真实交际目的。请看下面的片段：

T：All right. Who can give me...er... a name of a great writer in the English-speaking world? In the English-speaking world? The name of a great writer.Right.

S1：Charles Dickens.

T：Charles Dickens. OK. What novel are we studying from Charles Dickens this year?

S2：(indistinct reply)

S3：A Tale of Two Cities.

T：A Tale of Two Cities.All right. We say that Dickens is a writer. Who can give me another name for the word “writer”—a more specialized term for the word “writer”?

S4：Shakespeare，(indistinct reply)

T：Er ... Um ... That's not what. I want. Shakespeare also is a great writer，but I want ... Yes?

S4：Novelist?

T：A novelist. That's what I want，Mazin. So I want the word “novelist”. So we have the word “novel”，(writes on blackboard) We say that A Tale of Two Cities is a ...?

SS：Novel.

T：A novel. And the writer of A Tale of Two Cities is a ...?

SS：Novelist.

T：A novelist，(writes on blackboard) is a novelist. OK. He said — was it you，Mazin，who said “Shakespeare”？Is Shakespeare also a novelist？Is Shakespeare a novelist?

SS：Yes.

T：Er no. I don't agree with you. Shakespeare used to write plays. He used to write ...?

SS：Plays.

T：Can you remember some of his plays?

S5：Hamlet.

T：Harmlet.

S6：As You Like It.

T：As You Like It Fine.

S7：The Tempest.

T: The Tempest, fine. We say Shakespeare was a “play ... wright”, [writes on B/B] A playwright. Remember this is not “write” ... This is playwright，W-R-I-G-H-T. A playwright He was a writer of plays.

在这个片段中，教师一直与学生进行会话式的交流。在片段的开始，教师请学生说出一个英语国家著名作家的名字；之后教师请学生说出他们学过的 Charles Dickens 的作品；然后请学生说出 writer 的同义词。学生误解后，教师又通过互动的方式引导学生说出 novelist。尽管教师并不知道学生会说出哪些作家的名字、哪些作品以及 writer 的哪些同义词，但教师提问的目的不是获得信息，不是寻求帮助，也不是检测学生已有的文学知识。也就是说，在这种情况下教师提问并不具有真实的交际目的，其目的是激活学生的已有知识，在此基础上导入新的知识，特别是 writer，novel，novelist，play，playwright 等词汇。教师的后续提问基本上都是同样的目的，即为后面要进行的阅读教学活动作铺垫。

需要特别指出的，虽然这个片段不是完全真实的交际，但整个话语过程与真实交际非常接近，包括说话的方式(如话轮转换、停顿、犹豫、请求澄清、打断、纠正)和使用的语言。学生的话语没有受到教师过多的控制。从话语的内容和形式，都非常接近真实交际。这个片段给我们的启示是：课堂话语是否真实要考虑话语发生的语境。如果话语的使用能够满足语境的需要那么就是真实的，或者说是具有交际性。

总之，英语课堂上教师应尽可能创设真实的情景。只有在接近真实的情景中，教师和学生才能用真实的语言表达真实的内容，从而发展实际语言运用能力。

二、教师课堂话语的语言真实性

所谓课堂话语的语言真实性，是指课堂上教师和学生使用的语言是现实生活中实际存在的语言，而不是编造或假想的语言。在观察课堂教学时，我们经常看到教师课堂话语中出现一些真实语言交际中不存在的语言。比如，一些英语教师在讲解英语单数第三人称动词形式时，经常举这样的例子：I eat an apple.，You eat an apple.，She eats an apple.，We eat an apple.，等等。其实，这样的句子在现实生活中是很少见的，更常见的句子是“I often eat an apple in the morning.”“I’ve eaten an apple.”，“I will eat(have)an apple.”，等等。教师之所以使用一些现实中很少使用甚至根本不存在的语言，主要是因为他们只考虑到了呈现语言形式的需要，而没有考虑语言的真实性。

其实，在过去相当长的时间里，语言教学往往是根据一些编造的句子和对话进行的，很少使用真实对话的录音或根据真实对话转写的文字。这种做法使学生学习的语言缺乏真实性，与现实生活中使用的语言相差甚远。Nunan(2015)提供了两个对话来说明真实话语与非真实话语的区别。我们把这两个对话摘录如下：

Conversation 1

A：Excuse me，please. Do you know where the nearest bank is?

B：Well，the city bank isn't far from here. Do you know where the main post office is?

A：No，not really. I'm just passing through.

B：Well，first go down this street to the traffic light.

A：OK.

B: Then turn left and go west on Sunset Boulevard for about two blocks. The bank is on your right，just past the post office.

A：All right. Thank you.

B：You're welcome.

Conversation 2

A：How do I get to Kensington Road?

B：Well，you go down Fullarton Road ...

A：... what，down Old Belair Road and around ...?

B：Yeah. And then you go straight ...

A：Past the hospital?

B: Yeah, keep going straight, past the racecourse to the roundabout. You know the big roundabout?

A：Yeah.

B：And Kensington Road's off to the right.

A：What，off the roundabout?

B：Yeah.

A：Right.

显然，第一个对话是非真实的，第二个对话是真实的。其中最明显的区别是，在第一个对话中，每句话都是完整的，而第二个对话中多数句子都是不完整的。语言教学是否应该采用真实语言材料一直是一个有争议的问题。完全使用真实语言材料或完全使用非真实语言材料都是不现实的。再真实的材料，一经课堂教学使用，就失去了一定的真实性。而非真实的材料也可能有某种真实性。一种折中的思想是，语言教学应该尽量采用真实语言材料，必要时采用非真实语言材料。

Nunan 通过以上两个例子来说明英语教材中真实语言材料与非真实语言材料的区别。实际上，除了教材中的对话应该具有真实性以外，教师在课堂上的话语也应该具有真实性。在课堂教学中，教师经常模仿教材中的对话与学生进行对话交流，或者借用教材中的语言形式进行举例、示范和讲解。在课堂教学中使用真实话语具有以下好处：

(1) 能够使学生接触和学习现实中使用的语言，为将来真实交际作准备。

(2) 有利于激发学生的学习动机。当学生感觉到他们所学语言就是生活中真正使用的语言时，他们会更有兴趣。

(3) 有利于学生注意到不断变化的语言现象。真实语言材料往往会反映语言中的变化现象。如果语言教学采用真实的材料，那么学生就有机会接触语言中的变化现象。

(4) 真实材料对学生更具有挑战性。由于真实语言材料没有刻意地控制材料中词汇和语法结构的使用，所以学生可能要接触一些尚未学习的语言项目，这样，真实语言材料就有一定的挑战性，而一定的挑战性对语言学习来说也是有益的。

也许有人会提出这样的问题：对于英语初学者，教师也应该使用真实语言吗？如果教师使用真实语言学生听不懂怎么办？其实，语言的真实性与语言的难度并没有必然的关联性，并不是所有真实的语言就一定是很难的语言。比如，一位基因工程专家与同行讨论学术问题时，他使用的语言既是真实的，又是复杂的(对普通人来说是难懂的)。但是，如果这位专家给普通老百姓作一个科普方面的报告，他的语言仍然是真实的，但复杂程度(难度)可能会大大降低。同样，如果这位专家面对一群青少年或儿童，他希望这些孩子明白基因工程的一些最基本原理，他可能进一步降低语言难度。也就是说，真实语言既可能是很难的，也可以是很简单的。所以，语言的真实性要考虑语言使用者的背景、语言使用的场合和目的。对于英语初学者，教师要使用既真实又简单的语言。当然，要做到这一点也并不容易。对于任何人来讲，用简单的话把事情说清楚并不容易，如果要把复杂的事情说清楚，那就更不容易了。在使用真实语言时，教师可以充分利用手势、表情、动作、实物、图片等非语言手段来帮助学生理解。

其实，语言教学中语言素材的真实性已经引起研究者和教师的关注。为了提高语言材料的真实性，一些学者主张从生活中实际使用的语言材料中选取语言教学素材。为此，一些学者根据语料库编写了英语词典和语法参考书。这些词典和语法参考书对词汇和语法的解释不仅以实际使用的情况(意义和用法)为准，而且尽量使用真实语言材料中的例子。建议英语教师多使用根据语料库编写的词典和语法参考书。

三、教师课堂话语的内容真实性

所谓教师课堂话语的内容真实性，就是指教师说的话是真实的，而不是虚假的。如果一位教师姓王，她对学生说“Hello，I'm Miss Wang.”，那么她的话语是真实的。如果这位教师说“Hello，I'm Miss Zhang.”，那么她的话语就是虚假的。当然，课堂一般不会出现这样极端的例子，但类似的情况很常见。比如，一些小学英语教师经常在上课伊始的时候对学生说类似这样的话：“Today we are going to visit the zoo.”，但实际上他们并没有打算去参观动物园。这样的教师话语就缺乏真实性。

那么是不是课堂上教师说的每一句话都必须是真实的呢？显然不是的。课堂上的大多数教学活动是教师与学生之间的交流。在交流过程中，有时出于教学目的，教师可能需要创设或模拟一些情景，并以情景中的人物的角色说话。这时教师说的话并不一定是完全真实的。比如，教师带上一个动物的面具，对学生说“Hello，my name is Mocky!I'd like to make friends with you.”，显然教师是以Mocky的角色说话，并不是说教师本人的名字是Mocky。再比如，在做游戏、角色扮演等活动中，教师说的话也不可能都是真实的。

通常情况下，只要教师不是以其他人的角色(身份)说话或者在假设的情景中说话，教师话语都应该具有内容真实性。有些教师在课堂上经常随口说出一些显然不真实的话。如果教师在课堂上经常说一些不真实的话，久而久之学生就不会在意教师说什么了，而且学生也会养成信口开河的习惯。课堂上我们经常听到学生说“My father is a worker / doctor.”“My mother is a teacher / nurse.”，其实，很多学生说的话都是虚假的，因为他们不得不使用刚刚学习的表示职业的单词进行表达。那么是不是说这些单词不需要练习呢？其实学生可以以其他方式来复习和巩固这些词汇。语言教学的目的是使学生学会如何表达他们希望表达的意思，如果他们经常在课堂上信口开河说一些不真实的话，那么很难形成实际语言运用能力。

如果希望学生在课堂上说“实话”，首先教师应该说“实话”。我们曾经观摩过这样一节英语课堂：学生在教室里坐成一圈(坐在小板凳上)，教师在中间，她与学生做一些游戏活动。大部分交流是用英语完成，必要时使用汉语。整节课看上去就是教师与学生在进行真实的交流，几乎让观摩者忘记这是一节英语课。在游戏和活动中，如果学生有困难或不清楚的地方，教师耐心地给予帮助。这节课最突出的特点是教师与学生之间的交流非常真实、自然。

第二节　课堂话语的情景真实性研究

语言总是在一定的情景中使用的。如果学生能够在相对完整、真实的情景中接触、体验、理解和学习语言，他们能够更好地理解语言的意义和用法，也能更好地掌握语言的形式。所以，外语教学非常强调创设情景。用通俗的话讲，情景包括话语产生的时间和地点、话语的参与者以及话语的使用目的等。现在，大多数英语教师都能认识到创设情景的重要性，也尽可能在课堂教学中创设各种情景。但是，一个较为普遍的现象是，一些教师在课堂上创设的情景不够真实，从而导致话语不真实。请看下面的例子：

T：Good. Sit down please. All right — look at your teacher. I have a nice kite here. Is it nice？

SS：Yes.

T：Is it your kite？

SS：+No+.

T：+No+. Do you want to fly a kite？

SS：Yes.

T：Yes. But you don't have one. Yes. Come here please. Yes.

S：Yes. I can. It is easy.

T：It is easy. This is not your kite — borrow it.

S：Can I borrow it please?

T：Let me see — OK. Here you are.

S：Thanks.

(注：两个“+”号中间的话语表示是教师和学生同时说的话。)

这个片段的主要教学目的是学习“Can I borrow…？”这个句型。教师是如何创设情景的呢？她首先向学生出示一个风筝，问学生这个风筝是否很漂亮。得到肯定的回答之后，教师又问学生：这风筝是不是你们的？(明知故问的问题)。得到否定的回答之后，教师问学生是否想放这个风筝。这时，教师说：但是你们没有风筝。然后，她请一位同学到教室前面(come here please)，对学生说：这个风筝不是你的，你向我借吧。这时，学生说“Can I borrow it please？”，这时教师故作思考状，然后把风筝借给了学生。

应该说，这位教师试图通过创设情景来引入目标句型的教学设计思路是值得肯定的，而且她也成功地一步一步地实现了这个目的。但是，教师创设的情景显得很牵强、很不真实，而且情景创设的过程也很不自然，给人一种“强买强卖”的感觉：你们想放风筝，可是你们没有风筝。这个风筝不是你们的，你们向我借吧。在这个片段中，教师所提的几个问题基本上都是明知故问，基本上没有交际意义。另外，在教师创设的这个情景中，如果学生真的想放一放教师手里的那个风筝，最自然的请求应该是“Can I play with it？”或者“CanInyit / CanIhave atry？”，反而说“Can I borrow it please？”在这个情景中不是很恰当。其实，教师完全可以用一个更加简洁的方式来创设一个更为真实的情景并引入这个目标句型，比如教师可以说“I need a red pen / pencil. Does anyone have one？”，得到某个学生肯定的回答之后，教师可以说“Can I borrow it？”。

上面我们分析的这个情景虽然不太真实，但学生基本上正确理解了目标句型的意义和用法，也能尝试使用这个句型。但是，在分析语料的过程中，我们还发现了一些更加严重的问题，即由于情景创设和话语使用不恰当，教师在情景中所使用的例句不仅不利于学生正确理解目标语言项目，而且还有可能误导学生的学习。请看一个教学片段：

T：OK — now. Look at the blackboard，So the girl is not happy，She feels worried. She — is worried. OK -- be worried (write on the blackboard) and maybe feel—worried (write on the blackboard) and we can also say—be—worried — about — (write on the blackboard) and maybe feel worried about—OK. Let me give you your sentence — for example，I am worried now—do you know what am I worried about? I am worried about my students back home — my students back home — because no teacher is teaching them，They are waiting for me to go back to be their teacher again — OK. So —ah — I think everybody has something to worry about. OK，Now please try to talk to each other and try to find something worried.

SS：(Talk for 15 seconds)

T：Have you got something you are worried about — from here. This time — what are you worried about?

S1：I'm worried tigers and dogs，

T：You are worried about?

S1：Because...

T：Oh. You are worried about what?

S1：I worried tiger and dog.

T：— Tiger and dog — tigers and dogs. I see. Right. Tigers and dogs — don't worry about tigers and dogs. They are very good now. (laughs) So you should say I am afraid. That's different. Right，You don't understand. It doesn't matter. Sit down — and — what are you worried about?

S2：I am afraid I can't remember my mother's birthday.

T：Oh. You are worried about your memory，Right. You are worried about your memory — you are afraid — you won't — remember your mother's birthday.

这个教学片段的目的是学习 be / feel worried about 这个表达法。尽管教师进行了讲解、举例、示范等教学环节，而且创设了情景，但从片段结尾两位学生的表现来看，学生并没有真正理解 be / feel worried about 的意义和用法。这背后的原因值得我们思考：在片段的开始，教师让学生看着黑板，教师一边说话一边在黑板上板书 be worried，feel worried，be / feel worried about。教师说“So the girl is not happy. She feels worried.”，但教师并没有说她为什么担心，而是以自己为例创设了一个情景：我现在很担心，我担心在家里的学生，他们现在没有老师给他们上课，他们等着我回去给他们上课(这个情景本身就缺乏真实性)。之后教师说 I think everybody has something to worry about(这也是一句没有依据的论断，为什么每个人都有值得担忧的事情呢？)，并让学生两人一组说一说他们担忧的事。其实，教师创设的情景和提供的例句并没有体现 be / feel worried about 的真正含义和用法，所以学生进行短暂的练习之后，第一个学生说 I’m worried[about]tigers and dogs，而且说了两次。之后，教师意识到学生说得不恰当，所以告诉学生，她应该说 I am afraid(正确的应该是 I am afraid of)。但教师并没有进一步讨论 be / feel worried about 与 be afraid of 的区别(教师只是说“That’s different. Right. You don’t understand. It doesn’t matter.”)，而是请另外一个学生发言，结果这个学生说出“I am afraid I can’t remember my mother’s birthday.”，显然，这个学生也没有正确理解目标语言项目。更为糟糕的是，这个学生说出这句话以后，教师说“You are worried about your memory.”，这显然也是非常不合适的一句话。学生(担心)记不住妈妈的生日，并不等于为自己的记忆担忧。只有记忆(力)出现问题时，才有可能说 worried about memory。总之，这个教学环节中教师创设的情景不真实、不清楚，不利于学生正确理解目标语言项目的意义和用法。

课堂上师生互动是学生学习使用语言的重要途径之一。师生互动除了要避免简单的重复和模仿以外，还要尽量符合语言运用的实际情况，也就是说师生应该尽量按照真实交际情景中的交际方式进行互动。有些教师创设情景后，在与学生互动时，不按照情景的需要进行交际，而是操练语言形式，比如领读、重复、模仿、拼写单词等。这样做会降低情景的真实性，同时也降低课堂话语的真实性。请看下面的例子：

T：OK，let's review the new words and phrases in lesson 85. Look at me. Oh — I don't feel very well. (咳嗽两次) What's wrong？

SS：Have a cough.

T：Again.

SS：Have a cough.

T：Spell cough please.

SS：C–o–u–g–h. Cough.

T：OK now. XXX，spell cough please.

S：C–o–u–g–c–o–u–g–h cough.

T：Have a headache.

SS：Have a headache.

T：Again.

SS：Have a headache.

T：Have a headache，

SS：Have a headache.

T：Spell headache please.

SS：H–e–a–d–a–c–h–e，headache.

这个片段的教学目的是复习前一次课学习过的词汇和短语。为此，教师创设的一个情景：教师说“I don't feel very well.”，并有意咳嗽两次，问学生“What's wrong？”，应该说，这个情景很简洁，也能够有效地帮助学生回忆目标语言项目(have a cough)。在这个情景中，学生最自然的应答话语应该是“You have a cough”，但学生只说了短语“have a cough”，而且得到了教师认可。表面上看，学生领会的教师的意图，也说出了教师期望的回答，教学达到了目的。但是，这种师生互动的话语只关注了单个的单词或短语的学习，而没有运用语言进行真实的交际(包括后面的拼写训练)。在这种情况下，如果学生说“have a cough”，则是语言知识的记识过程；如果学生说“You have a cough”，则更接近真实语言运用。一词之差，反映了重要的教学理念的差异。当然，这里主要是学生的话语，而不是教师的话语，但这种情况下教师要善于通过正确的话语来引导。比如，学生说出“have a cough”之后，教师应该说“Yes，I have a cough”，而不能认可学生说的“have a cough”，并让学生再说一遍。另外，这位教师还要学生口头拼写单词。显然拼写单词不属于真实交际。如果是希望通过意义协商来学习语言的话，重点应该是关注语言的意义，而不能经常用拼写等环节来打断意义协商的过程。

有时教师创设的情景基本上是真实的，但是在情景中使用的语言不太符合情景的需要，因而降低了情景及话语的真实性。课堂上相当一部分教师话语是示范性语言，比如教师自己扮演两个角色，朗读一个对话，或者教师与一个或几个学生进行角色扮演。在这种情况下，教师的话语是重要的语言输入。教师话语应尽量真实，要符合语境的需要。但是，在课堂上，我们经常看到教师和学生在创设的情景中互动时，往往只考虑到语言操练的需要，而不注意话语是否符合情景的需要。请看下面的例子：

T：OK now. Who will try to be my patient first？OK. Lily you please come here.

S：Good morning doctor.

T：Good morning. Sit down please.

S：Thank you.

T：What's your name？

S：My name is Lily.

T：How old are you？

S：I'm sixty.

T：Teen. Are you a student？

S：Yes.

T：What school do you study in？

S：In Huaqiao Middle School.

T：Show me your hand please. What is your trouble？

这个片段的背景是这样的：学生学习了一段医生和病人之间的对话，之后学生又以两人一组的形式进行了对话练习。接下来的活动是让学生两人一组到教室前面演示他们的对话。在此之前，教师与一个学生(Lily)先做一个示范性对话。以上片段是这个示范性对话的开始部分。通过比较他们的对话与学生刚刚学过的对话，我们发现前面的 5 个话轮是教师和学生即兴发挥的，这种不拘泥于教材的做法是值得肯定的。问题在于教师问的几个问题(What' s your name？How old are you？Are you a student？What school do you study in？)都不是英语国家医生为病人看病时常问的问题，也不是与看病就医有关的问题。也就是说，教师所问的问题并不符合情景的需要。在英语国家，到医院就诊一般需要预约，医生应该了解预约病人的一些基本信息，看病时医生一般不再询问病人的姓名、年龄、身份等问题了。在中国，医生通常会询问病人的名字和年龄，但也不会问病人是不是学生、在哪所学校就读等问题。由于教师的示范作用，后面学生两人一组进行对话练习时，都模仿了教师问的这些问题。

在英语里，人们见面打招呼和相互问候时所说的话与中文有很大的差异。现在中国英语学习者在用英语打招呼和问候时，已经不再像以前那样套用中文的习惯，比如“吃饭了没有？”“到哪里去？”“做什么去？”但是，很多英语学习者又养成了机械套用英语的习惯，比如无论什么情况下，相互问候都是这样的：“Hello，how are you today？I'm fine. Thank you，and you？I'm fine，too. Thank you.”。之所以出现这种情况，与教师的引导不无关系。我们分析语料的过程中，发现小学和初中教师按这样的方式进行问候的情况非常普遍。请看一个片段：

T：Now class begins. Stand up please.

SS：Good morning，Miss XXX，

T：Good morning class. Sit down please，How are you today？

SS：We are fine. Thank you. And you？

T：Fine.Thanks. How are your parents？

SS：They are fine. Thank you.

T：Please say hello to your parents.

SS：OK.

这个片段里的问候基本上就是我们前面描述的那样。值得注意的是，教师问

候学生之后，又表示了对学生父母的关心："How are your parents? …Please say hello to your parents."。我们知道，相互比较熟悉的人隔较长时间再见面时，除了彼此问候以外，可能还要表示对相关人员的关心，比如父母、子女、兄弟。但是，以上片段属于教师日常教学中的师生问候，教师对学生父母的关心显得很不真实和自然。也就是说，在上课伊始的问候中，教师没有必要表示对学生父母的关心。表面上看，教师体现了人文关怀的理念，其实是一种弄巧成拙的做法。

第三节　课堂话语的语言真实性研究

语言真实性是指课堂上教师和学生使用的语言是现实生活中实际存在的语言，而不是编造或假想的语言。不真实的语言有多种表现，有些句子和表达法符合语法规则，但如果现实生活中很少有人使用或者根本不使用，那么这样的句子或表达法就不具有真实性。

在英语教学中，教师为了呈现、讲解或复习语法知识，往往会举一些例子。但一些教师不善于从这些真实语言材料中去寻找例子，而是自己编造一些句子。编造的例句有时缺乏真实性，而且不利于体现目标语言项目的意义和用法。以下是一位教师在归纳被动语态的用法时给学生举的例子：

(1) The TOEFL exam is given every six months.

(2) The TOEFL exam was given last month.

(3) The TOEFL exam this year will be given on October 15.

(4) The TOEFL exam is being given every year.

(5) The TOEFL exam has been given every year since 1950.

(6) The TOEFL exam had been given before the Vietnam War occurred.

(7) The TOEFL exam should be given to every foreign student.

(8) The TOEFL exam should have been given to all to enter US colleges.

这位教师的意图很清楚，她希望学生全面复习被动语态在各种时态中的用法。为了便于学生理解这些不同时态中被动语态的区别，教师特意围绕托福考试的举行情况编造了 8 个句子。仔细分析可以看出，这些句子有的显然不存在，有的是相互矛盾的。比如，第 1 句话说托福考试每六个月举行一次(也就是每年两次)，但第 3 句话说“今年的托福考试将在 10 月 15 日举行”，隐含的意思是今年只有一次托福考试。如果没有特定的语境，第 6 句话的意思也是很费解的，因为看不出托福考试与越南战争的关系。第 8 句话的意思是“凡是到美国大学读书的人本应该都参加(过)托福考试”，隐含的意思是一些人到美国大学读书但没有参加托福考试，而他们本应该参加的，包括美国本土的学生和外国学生。以上这些编造的句子在语法上都是正确的。但是，由于这些句子的语言本身缺乏真实性，而且在内容上缺乏逻辑性和科学性，未必有利于学生真正理解被动语态的用法。

类似的情况在英语课堂上并不少见。一位教师为了讲解 be made of 这个短语，在课堂上举了以下几个例句：

The books are made of paper.

The newspaper is made of paper.

The magazines are made of paper.

The money is made of paper.

根据大多数英语词典，be made of 的意思是“用……做(造)的”，比如“Optical fibre is made of very thin glass(光纤是用很细的玻璃造的)”“The robot is made of metal(这台机器人是用金属做的)”。但是，我们通常不说“书是用纸做(造)的”“报纸是用纸做(造)的”“杂志是用纸做(造)的”“钱是用纸做(造)的”这样的话。从表面上看，这些例句没有明显的语法错误，而且学生也能明白其中的意思。但是，假如 be made of 对学生的确是陌生的，那么以上例句是不利于学生准确理解这个短语的真正含义和用法的，因为这些例句的意思并不符合现实世界的实际情况。

有些话语在现实生活中确实经常使用，但是如果把一些彼此没有关联的话语堆砌在一起，话语就缺乏真实性了。真实的话语一般具有一定的连贯性，即使是消磨时间的闲聊，虽然说话人可能随意转换话题，但在局部也是连贯的，不会前言不搭后语。英语课堂上的一些师生对话就存在连贯性的问题，比如，很多英语教师为了使学生在上课伊始进入英语状态，往往进行简短的自由讨论(一般称之为

free talk)。一般是由教师问一连串的问题，学生自由回答。比如：

T：How are you?

S1：I'm fine．Thank you.

T：What day is it today?

S2：Today is Friday.

T：What's the weather like today?

S3：It's fine.

T：Do you like English?

S4：Yes，I do．I like it very much.

表面上看，这个片段中的话语显得很流畅、自然(实际操作中，教师问问题的速度很快，学生基本上不需要多加思考就能回答)。其实，教师所问的四个问题之间没有任何联系，教师好像随机从一系列问题中抽出了几个问题供学生快速抢答。由于每次上课教师问的问题都大同小异，所以学生不必思考就能迅速回答。个别情况下，教师的问题还没问完，学生就回答了。类似的情况还有很多，比如：

T：What day is it today?

S1：It's Wednesday.

T：Do you have any hobbies?

S2：Yes，I do like swimming.

T：What's my hobby? Guess!

S3：I thing you like dancing.

在这个片段中，第一个问题好像是大多数小学英语教师都要问的。接着教师问下一位同学“Do you have any hobbies? ”，学生作答以后，教师让第三个学生猜一猜她的业余爱好。从表面上看，教师问得自然，学生回答流畅，但实际上这是很不真实的交流。教师所问问题互不相干，学生作答以后教师也没有给予反馈和评价，整个过程就像完成一个程序而已。这样的课堂话语既不真实，也没有逻辑性。Brown(1994)指出，如果教师在课堂上不按照一定的逻辑关系有计划地提问

(随机提问)，可能使学生的思维进入混乱的状态。下面再提供几个片段：

片段 1 ：

T：Who's on duty？

T：What day is it today？

T：When's Christmas？(上课前一天是圣诞节，学生对互送自制的圣诞贺卡记忆犹新)

T：Did you have any presents at Christmas？Do you like it？

T：Can you talk about [in] English with your partner？

(本片段中学生话语省略)

片段 2：

T：What day is it today？

S1：It's Monday.

T：What's the date？

S2：It's April 4th.

T：What's the weather like today？

S3：It's sunny.

T：What lessons do you have this morning？

S4：We have Chinese，maths，English and P.E.

T：What subject do you like？

S5：I like English.

T：Do you study English well？

S6：Yes，I do.

T：Oh，you are so great！

像这样不真实的自由讨论对学生的英语学习有什么影响呢？有的教师说，这样做可以让学生每次上英语课都有运用英语的机会。对于一些常用句型和表达法可以越用越熟练，最后达到自动化的程度，以后用英语交流时可以脱口而出。我们认为，教师的出发点是值得肯定的，但关键问题是学生是如何运用英语的。如果教师和学生说的话都不真实，不符合日常语言运用的实际情况，那么学生很可能形成不好的语言运用习惯。我们经常看到这样的情形：一些学生见到外国人时，往往会问“What’s your name？”“How old are you？”“Where are you from？”等问题。其实这与平时课堂学习是有关的。下面的几个片段在小学英语课堂上可以说是司空见惯。

片段 1：

T：What’s your name？

S1：My name is ×××.

T：How old are you？

S2：I’m 11.

T：When is your birthday？

S3：It’s May 22.

T：Nice to meet you. Here’s a present for you.

片段 2：

T：Hello. How old are you？

S1：I'm 11.

T：How old is he？

S2：He is 11.

T：Look，my English book is in my bag. Where’s your book？

SS：It’s on the desk.

片段 3：

T：(to S1) What's your name？

S1：My name is ×××.

T：(to S2) Where are you from？

S2：I'm from ×××.

T：(to S3) What day is it today？

S3：It's Thursday.

上面列举的这些自由讨论往往涉及学生的姓名和年龄。这样的操练会给学生留下一种印象，即与外国人用英语交流时，都要问一问对方的姓名和年龄。正是因为这样，现在很多学生见到外国人时总是以“What's your name？”“How old are you？”来开始谈话。

以上列举的片段都相对比较简短。有时，教师看到学生兴致高涨(或自己兴致高涨)，可能会使自由讨论漫无边际地展开，占用过多的课堂教学时间。请看下面的片段：

T：Very good. Who's on duty today?

S：I am.

T：Good. What's your name?

S：My name is Tom.

T：How do you spell your name?

S：T-o-m. Tom.

T：Good. Is everybody here?

S：Yes. Miss Yan.

T：Excuse me，are you from ×××?

S：No. I am not.

T：Where are you from?

S：I am from ×××.

T：Good. Excuse me. Which class are you in?

S：I am in Class Five Grade One.

T：Are you in Grade Two?

S：No，I am not.

T：By the way，what's your father's job?

S：He is a worker.

T：Is your mother a worker too?

S：Yes，she is.

T：Do you have a brother?

S：No，I am not. I am the only child in the family.

T：Good，very good. Sit down please. OK today. We are going to learn a new lesson. Lesson ten，the tenth lesson，(pause 6s) lesson ten. The tenth lesson. Now say after me，lesson ten.

这个片段共有 12 个轮回，都是教师与一位学生之间的交流。除了通常的一些问题以外(Who is on duty？What’s your name？Is everybody here？)，教师还提了一些其他问题，如“How do you spell your name？”“Where are you from？”“Which class are you in？”“What’s your father's job？”“Is your mother a worker too？”“Do you have a brother？”。教师这样提问有点像警察查户口，而不像师生之间的正常交流。教师问的问题很多，但这些问题之间没有必然的逻辑联系，而且教师想到哪里问到哪里。更为可笑的是，学生已经说她是在一年级五班，教师还要问“Are you in Grade Two？”，像这种持续时间长而且缺乏连贯性的自由讨论在我们考察的语料中很常见。以下是一个更长的片段：

SS：Good afternoon，Teacher.

T：Good afternoon，boys and girls. Sit down please. Today I'm very happy to be your English teacher. So，first，let’s try to make good friends. OK — Hi，what’s your name，please.

S1：My name is ×××.

T：How old are you?

S1：I’m fourteen years old.

T：That’s good. How about you？What’s your name?

S2：My name is ×××. I’m thirteen.

T：Oh，you are thirteen. OK. And — what class are you in?

S2：I'm in Class—Seven.

T：Class Seven. OK.

S2：Grade Two.

T：Grade Two. That's good. And — how many students are there in your class?

S3：There are sixty-two students in our class.

T：Sixty—two students in your class.

S3：Yes.

T：OK. And then — how many people are there in your family? Can you tell me?

S3：There are three.

T：Three. Who are they?

S3：They are my father — mother and I.

T：Do you love them?

S3：Yes. I love them very much.

T：Good. And — how many seasons are there — in a year? Do you know?

S4：There are four seasons in a year.

T：Four seasons in a year. OK. Can you name them?

S4：Yes. They are spring — summer — autumn and winter.

T：That's right. OK. Which season is your — do you like best?

S5：Mm. I like summer best.

T：Like summer best. OK.I see. How about you?

S6：I like winter best.

T：Winter best. Why?

S7：Because I can go skating.

T：Go skating. Good. And — can you tell me how many — months there are in a year ...

这个片段反映的一些共性问题前面已经讨论了，这里不再赘述。我们看看片段中两个有趣的现象。第一个现象是，教师问学生 2 的姓名时，这个学生说“My name is ×××. I'm thirteen.”，这里教师只问她叫什么名字，没有问她的年龄，但学生除了说出自己的名字以外，还说出了自己的年龄。在正常交流中，人们一般根据所问的问题作答，一般不提供额外的信息。那么这个学生为什么会说出自己的年龄呢？其实，这是因为教师在课堂上经常询问学生的姓名和年龄。学生知道教师问完姓名之后还要问年龄，所以他们主动把年龄说出来。久而久之，学生养成了这样说话的习惯，以至于日后与外国人说话时，一些学生不管别人问什么，一股脑儿说出一大串，就像背书一样。

片段中第二个值得关注的现象是，学生 3 说出家庭的三名成员后，教师问她“Do you love them？”，当然这里的 them 应该指这个学生的爸爸和妈妈。那么孩子爱他们的爸爸、妈妈是天经地义的事情，教师完全没有必要问这个问题。没有哪个孩子会说他们不爱爸爸、妈妈的，即使个别学生与父母有隔阂，他们也不会在大庭广众之下说不爱父母的。有些教师在课堂上提问时，所提问题要么很幼稚，要么根本没有必要。造成这种现象的主要原因是，教师没有根据真实性的原则组织自己的话语，包括教师所提的问题以及对学生回答的回应。

除了自由讨论环节中教师话语存在不真实的现象以外，在呈现和讲解知识等环节中，也存在话语不连贯、不真实的问题。比如，一些教师在呈现单词的意思时，经常随意转移话题。请看下面的片段：

T：Hmm ... How smelly! What’s it？Let me find out. Oh，it’s an onion. (教师从讲台下拿出一个洋葱并作出难闻状) Do you like onions？

S：Yes.

T：　We should eat all kinds of vegetables. They’re all good for us.

为了引出单词 onion，教师先说“How smelly!”，然后从讲台下找出一个洋葱，并说“Oh，it’s an onion.”之后教师立即说“Do you like onions？”。学生回答之后，教师又说“We should eat au kinds of vegetables．They’re all good for us.”。教师的这一连串话语显得很轻松、自然，但是实际上不够真实。表面上看，每一句都通过 onion 一词与前后的句子建立联系，但句与句之间缺乏逻辑联系。如果 onion 是一个新授词汇，教师应该进一步围绕洋葱进行简要的讨论，以使学生加深对这个概念的理解，而不要牵扯到我们是否应该吃各种蔬菜以及吃蔬菜有利于健康等话题。顺便提及，smelly 的意思是“发臭的，有臭味”，洋葱发出刺鼻的味道不能说是发臭。下面是一个非常类似的例子：

T：I like red. Look，a red paper. Guess，what's this？(老师把红纸剪成一个苹果)

S：It's an apple.

T：Yes，it's an apple. Apples are healthy fruit. (教师出示 fruit 单词卡片)

这个教学片段的目的引出单词 fruit。教师出示一张红纸并告诉学生，她喜欢红色。然后一边用红纸剪出一个苹果一边让学生猜她要把红纸剪成什么，最后出示水果的图片。伴随教师这一系列动作的话语是“I like red. Look，a red paper. Guess，what's this？”“...It's an apple. Apples are healthy fruit.”。这个片断中的教师话语有两点值得讨论。首先，教师喜欢红色与否与苹果没有关联，这一信息对学生猜测教师在剪什么也没有帮助。因此，片段中的 I like red 完全是一句多余的话。其次，最后一句话“Apples are healthy fruit”的信息重点是 healthy fruit，其中的核心词是 healthy。但是，从片段创设的语境来看，苹果是否是健康水果也不是说话人(教师)和听话人(学生)关注的重点。这样的教师话语可能分散学生的注意力，从而影响学习效果。其实，如果为了呈现单词 fruit，教师可以这样做：依次向学生出示苹果、香蕉、葡萄等的图片(最好是学生已经学过的单词)，并问学生“What's this？”把这些图片贴在黑板上，之后教师可以对学生说：“All these are...，”引导学生说出 fruit。

在教授对话和课文时，一些教师随意转移话题，导致话语偏离话题，从而失去真实性。比如，有的教师在与学生讨论对话或课文时，遇到了某个表达法。为了学习这个表达法，教师暂时停止讨论，而是围绕这个表达法进行讲解和操练，这样使原来关于某个话题的讨论转变为语言知识的讨论。请看下面的片段：

T：... Yes. At last. Everything got ready. So，do you think Ann was worried about her birthday party？Yes or no？

SS：No.

T：Ann would feel very happy. Right. OK. Now. Do you sometimes feel worried about your birthday party？— Yes. What are you worried about？

SS：Yes.

S：I don’t think my birthday party was ready.

T：Was ready. Is ready，Right. OK. And then. What are you worried about？

S：Er. I didn’t think er — I didn’t felt er — felt worried.

T：Er. You never feel worried about your birthday party. Right？

S：Yes.

T：OK，and then your mother and your father will get everything ready for you. Right？

S：Yes.

T：OK. Very good. And，can you guess — what am I worried about — now？I’m worried about my little son. OK. And then，do you — are you sometimes worried about your English？

S：Yes，I do.

T：Yes. Your English is not good enough？

S：Yes.

T：Yes. OK. OK. Keep on practising. OK. From this time we know — when is Ann’s birthday party. Can you tell me — time — time？

SS：Saturday.

这个片段选自一个对话教学环节，其主要目的是使学生理解对话的内容。在片段的开始，教师与学生讨论 Ann 为准备生日晚会的情感的变化(从 worded 到 happy)。之后，教师以“Do you sometimes feel worried about your birthday party？”这个问题为切入点，开始操练 be / feel worried about 这个短语的用法。教师引导学生说出他们经常为哪些事情担忧，如为生日晚会担忧、为英语学习担忧，教师还提到她为自己的儿子担忧。经过若干个话轮的讨论之后，教师又回到关于 Ann 的对话。我们不是说教师和学生不需要关注语言材料中的重点语言吸纳灌输，也不是说不能讨论他们自己的有关问题，但这些都不应该穿插在对话学习的过程中。可以在对话学习结束之后进行讨论，当然也可以在学习对话之前以热身的形式进行讨论。

第四节　课堂话语的内容真实性研究

教师课堂话语的真实性的一个重要方面是指教师所说的话在内容上是否真实。比如，如果教师说在游戏中获胜的同学将得到奖品，那么教师应该确实打算给学生奖品，否则教师说的话就是虚假的。大多数情况下，教师话语的内容是真实的，但在我们收集的语料中也发现了教师话语内容不够真实的情况。请看下面的片段：

T：I think you are so clever，I like you very much. I want to make friends with you. Would you like to be my friends？

SS：Yes.

T：When I go back I'll call you. (这位教师在另外一个城市借班做观摩课.) Look，this is my telephone number. (卡片正面写着 a telephone number) My telephone number is 7369854. (卡片反面写着 7369854)

T：Do you have a telephone number？If you have a telephone number，please write it down. (稍后教师继续说话) Excuse me. What's your telephone number？

S1：My telephone number is ...

这个片段是一节课的开始部分。简单的问候之后教师对学生说：我认为你们很聪明，我很喜欢你们，我想和你们交朋友。你们想做我的朋友吗？其实，这位教师在另外一个城市借班上课，她刚刚接触这些学生(大概 1~2 分钟的时间，她怎么就能判断这些学生都很聪明，而且很喜欢他们，要和他们交朋友呢？这些话明显地给人不真实的感觉。更不可信的是，教师接着说：我回去后会给你们打电话。教师给学生出示的电话号码是真是假，我们不得而知。但我们相信，观摩课结束后这位教师是不会给这些学生打电话的。也许有人会说，课堂上的师生交流主要是为了操练语言，不必强调内容是否完全真实。但我们的观点是，即使是操练语言，也应该尽可能使用真实的语言，说真实的话。因为虚假的内容容易使学生失去学习兴趣和学习欲望，而真实的内容更能激发学生的学习动机。在上面的片段中，教师的目的就是引入 telephone number。在这种情况下使用真实的话语并不难。比如，教师可以向学生出示带有电话号码的广告、告示、招贴画等，让学生指认其中的电话号码。

课堂上教师与学生互动时，可能即兴举一些例子。有时教师考虑不周，随口说出一些内容不真实的话。比如：

T：I want to go to the shop this afternoon. I want an apple. What about you？ What about you？

S：I want to go to the shop. I want an apple.

T：Oh，you want an apple too. Sit down please. Anybody else？ Yes？

S：I want to go to the shop. I want a pen.

这个片段之前，教师与学生一起学习了 shop 这个词。为了创设情景使学生使用这个单词，教师与学生进行了一个即兴的互动。教师说下午要去商店，要买一个苹果，然后问学生是否也要去商店买东西。应该说，教师的教学思路是值得肯定的。但是，去商店买一个苹果的说法显然不符合常理(通常不会只买一个苹果)。另外，虽然 the shop 也可以指水果店，但 shop 通常指一般的商店(不卖水果)。受教师的影响，学生回答时也说“I want an apple.”。

教师话语内容欠真实的另一个表现是，教师话语中的有些内容没有依据，近似于信口开河。请看一个例子：

T：Ah. I'm very happy first of all. I should say I'm very happy — to be your teacher — only today. Right — are you happy？

SS：Yeah.

T：Oh，how happy I am! You like me. I think，right？

这个片段中，教师首先表示自己今天(上课的当天)非常高兴，并问学生是否高兴。学生当然会说高兴。我们无法判断这位教师和这个班的学生当天是否真的很高兴。但是，教师接着说“How happy I am! You like me. I think.”。那么教师怎么知道学生喜欢他呢？实际上“You like me”是一句无根据的话。这样的话语就缺乏真实性。以下是一个类似的例子：

T：Another question. What do you usually use computers for？You search in the Internet or you use computers to do your homework？This lady，please.

S：I write my blog and surf the Internet.

T：Oh，really？Excellent writer. OK，you，please.

在这个片断中，教师问学生通常如何利用电脑。一个学生说她用电脑写博客和浏览网页。教师表示惊讶之后说道“Excellent writer.”。其实，这个学生用电脑写博客，并不意味着她是一个擅长写作的人。教师的这个评论没有充分的根据，显得很不真实。这位教师在后面的教学中还出现了类似的情况。比如：

S1：When I use computers，I often lost myself in the computers. When I don't use computers，I also feel bad about it，but I don't know how to，um，solve this problem.

T：Yeah. Actually it's a kind of addiction problem，hard to solve. OK，anyone？

S2：When I use computers，I also feel that I forgot the time. Every time when I thought it was just an hour，but sometimes when I look at the clock，maybe two hours has passed.

T：See you are very interested in computers.

在这个片断中，两个学生都说他们使用电脑太多，有沉醉于电脑的倾向。教师对此的评论是“你们对电脑很感兴趣”。其实，过多地使用电脑并不等于对电脑感兴趣。所以，教师的评论不够真实，也不够恰当。

在课堂上的师生互动中，有时教师为了引导学生说出教师期待的话语，往往进行引导性的提问。但是，我们经常观察到这样的情况，由于教师没有创设恰当的语境，教师的提问显得很唐突，甚至没有根据，导致话语缺乏真实性，同时也使学生很难回答问题。请看下面的教学片断：

T：Well，ladies and gentlemen，nice to see you. Right，the gentleman，can you tell me how are you feeling now？

S1：A little nervous.

T：A little nervous. Why？

S1：Because it is the first time I could—

T：The first time，right?

S1：Yeah.

T：OK，good，sit down，please. And the lady？What about your feeling?

S2：I feel a little nervous and a ltittle happy.

T：Why？Why are you happy?

S2：Because I can have class with a beautiful teacher.

T：Really？You are talking about me?

S2：Very beautiful and have long hair.

T：Er.

S2：And I think your English must be very very good.

T：OK. Thanks very much. You are so nice to say me. OK. A lot of you might feel nervous here，but don't you think you are just like pop stars？You know pop stars？Do you think we are very famous persons，with the spots lights，a large audience，and it's a huge platform，right？And a lot of cameras. Don't you think we are just like a pop star，or famous as Mr. Zhou Jielun？What's your feeling now？As a pop star，Mr. Zhou Jielun，what's your feeling now?

S3：Uh，not much feeling.

T：Not much feeling. OK. Good. Sit down，please. Just like Zhou Jielun，very cool. Right，OK，uh，because of the spot lights，the large audience and the platform，it makes us feel like pop stars. But actually we are common people. We are ordinary people. Do you think ordinary people like us can be super stars?

这是一节课的导入部分。教师与学生互致问候之后，教师问学生他们现在感觉如何(can you tell me how are you feeling now？)。第一个学生说有点紧张，当教师问他为什么紧张时，他又似乎说不出什么理由。第二个学生说有点紧张，又有点高兴。问及为什么时，她说是因为有一位漂亮的老师给他们上课。其实，在这样的观摩课上，授课教师可能感到特别紧张、兴奋或高兴。大多数学生可能没有什么特别的感觉，有些学生可能感到兴奋或好奇。教师以为学生也有同样的感觉，所以一上来就问学生有什么感觉，结果学生反应并不积极。在教师的诱导下，第一个学生和第二个学生牵强地回答了(显得不够真实)，第三个学生干脆说没什么感觉(Uh，not much feeling)。另外，第二个学生回答之后，教师说“A lot of you might feel nervous here，but don't you think you are iust like pop stars？”，教师不仅期望学生有特别的感觉，而且还期望他们感觉像明星，感觉像周杰伦一样的明星。我们推测教师是这样考虑的：面对聚光灯、舞台和观众，学生一定感觉像明星。遗憾的是，在教师的反复诱导下学生也未能说出教师期待的回答。之所以出现这样的情况，主要原因还是教师所提问题缺乏根据，教师本身的话语缺乏真实性。类似的情况还有很多。在相同课题的另一节观摩课里，授课教师也有同样的问题：

T：OK. Thank you very much. And would you take every chance to you’re your best，everybody？Would you like to take every chance to show yourself？Louder，please. Once again.

S：Yes.

T：Thank you very much，thank you. OK，do you think I'm a star？Do you think I'm a star？Everybody，do you think I'm a star？OK，thank you very much. Do you think I'm a film star？Boy，please？

S：Of course.

T：Of course？I'm a film star？Do you agree，everybody？

S：You are very like a film star.

T：OK，I'm like — you mean I'm like a film star？Very like，looks very like a film star，right？Thank you very much，thank you very much. OK，thank you. Hum，well，today I would like to show you some film stars. Would you like to get to know them，everybody？

S：Yes.

这个导入环节的目的也是引入有关明星的话题。这位教师没有问学生是否感觉像明星，而是直接问学生教师本人像不像明星，而且反复问了多次。得到部分学生肯定的回答之后，教师还不罢休，还要问全班学生“Do you agree，everybody？”。其实，教师这样提问也显得很不真实。教师多次重复提问，希望得到学生肯定的回答，也有些强人所难的倾向。

如果教师经常说一些内容不真实的话语，学生也会有意识或无意识地说一些内容不真实的话语，甚至养成信口开河的习惯。比如，一位教师在教授了 wash 这个动词之后希望作进一步的操练，她引导学生进行了以下操练：

T：If I give you some water，what will you wash？

S1：I'll wash my hands.

S2：I'll wash my hair.

S3：I'll wash clothes.

S4：I'll wash my bike.

在这个片段中，教师说“If I give you some water，what will you wash？”。(如果我给你们一些水，你们将洗什么？)教师试图创设一个语境，让学生操练 wash 的使用，但是，教师的问题缺乏真实性，学生回答也是信口开河。对于小学生和初中生来讲，洗衣服和洗自行车都不是很现实的。其实，教师完全可以说更加真实的话，比如“What do you often wash？”，学生根据他们的实际情况回答，如“I often wash my hands / face / hair.”。教师也可以说“What does your mother often wash？”，学生可以说“She often washes clothes / dishes.”。这样，教师和学生的话语就更加真实了。

除了师生互动中的话语应该在内容上具有真实性以外，教师为学生提供的语言输入等语言素材也要具有内容真实性，要符合语境的需要，这样有利于学生在语境中接触语言、理解语言，从而学习语言。但是，课堂上我们经常发现教师提供的语言输入既没有恰当的语境，内容也不真实。请看下面的片段：

(突然电话铃声响起，教师对学生抱歉地说“I’m sorry!”，然后接电话)

A：Hello.(角色 A 说的话用录音机播放，角色 B 是教师)

B：Hi，it’s Miss Wang.

A：Hello，Miss Wang. What are you doing？

B：I’m having English class. What about you？

A：I’m playing basketball.

B：What about your mother？ What’s she doing？

A：She’s cooking dinner.

B：And your father？

A：He’s playing chess.

B：Thank you! Bye!

A：See you!

本节课的教学内容是通过电话询问某人正在做的事情，教学重点是现在进行时态。教师设计了一个接电话的情景，并将电话的内容作为示范对话，通过对话来呈现新的教学内容。应该承认，教师的设计思路是合理的(尽管课堂上接听电话是大多数学校不允许的)，问题在于对话内容缺乏真实性。第一，从对话的内容可以看出，角色 A 应该是一位学生。那么上课时间这位同学为什么不在课堂上，而是在打篮球呢，而且还要给老师打电话？第二，教师与这位同学通话时，这位同学的妈妈在准备晚饭，那么这应该是什么时候？第三，这位同学的爸爸正在下象棋，那么他在和谁下棋？第四，人们打电话时往往是有目的的，这个电话结束时我们也不知道这位同学为什么要给老师打电话。整个对话的内容给人完全虚假的感觉。类似的例子还有很多，比如：

Yao：(电话铃声)Hello. It’s Yao Ming.

T：(拿起听筒) Hello，this is Miss Wang. I'm your fan. What are you doing？

Yao：I’m watching TV. What about you？

T：I’m talking to you. Thank you. Bye!

Yao：Bye!

这个对话给人的感觉也是非常不真实。姚明为什么给教师打电话？姚明问这位教师在做什么，教师回答“I’m talking to you.”，这有点像抬杠时说的话。也许有人会说，这是课堂教学活动，不是真实的语言交际，所以不必完全按照真实情况来进行语言操练。问题在于，如果长期给学生提供这样的不真实的语言材料，学生会逐渐失去英语学习的兴趣，而且使学生失去真实表达的机会。他们会在课堂语言实践活动中养成信口开河的习惯。

我们之所以强调课堂教师话语的真实性，是因为真实的话语符合人们通常的认知方式和认知过程。人们在理解话语时，总是按照真实话语的规律去思考。相声和小品里的幽默大多数都是因为其中至少有一个说话人不按正常的方式讲话(当然是故意的)。所以，在很多相声里，有时捧哏演员之所以“很难与逗哏演员沟通”，就是因为逗哏演员经常不按正常的方式说话。英语课堂也可以有幽默。有时教师也制造一些悬念(包袱)，以保持课堂气氛活跃。但我们发现，有时教师的话语使用不当，导致理解上的混乱。请看一个片段：

T：Excuse me？

SS：Yeah.

T：Who is on duty today？ Yes — are you on duty today？

S：Yes.

T：Yes. Who is，is not here？ — who is not here？ Who knows？ OK，sit down please. Yes？

S：I am.

T：You are not here？ (laugh) Yes. Sit down please. Are you on duty today？

S：Yes，I am.

T：Who is not here？

S：XXX is not here.

T：Where is she？

S：I think she is at home.

T：Good. Sit down please.

S：Thank you.

T：Not at all. (一节课共说了 30 次)

这是一节课的最开始部分。教师问全班同学：今天谁做值日报告？确认谁是值日生之后，教师问“Who is not here？ —who is not here？ Who knows？”，按照常理，应该由值日生来回答这个问题，但是教师并没有让值日生回答，而是让她坐下，请其他同学回答。这时值日生说“I am.”，显然她的意思是“I am on duty”，但教师把它理解为“I am not here”，所以教师说“You are not here？”，并引起同学大笑。这时教师可能又想起这位同学是值日生，所以，又一次问“Are you on duty today？”，之后顺利完成了值日报告。这个片段中最大的问题就是教师没有让值日生回答问题，而是让她坐下。这个违反常规的做法引起了师生交流的混乱。表面上看好像还制造了一点幽默，活跃了课堂气氛，但对于那个值日生来讲，可能是一次不愉快的值日报告。另外，这个片段的结尾处，教师让学生坐下，学生说“Thank you.”。其实，在这种情况下不是一定要说“Thank you”，即便学生说了“Thank you”，教师也不必说“Not at all”，因为这里的 Thank you 完全是一种仪式化的客套语。比如，我们去拜访某人，主人可能说“Sit down please”或“Take a seat please”，在这种情况下我们可能说“Thank you”，但主人不会再说“Not at all”或其他类似的话。根据我们的统计，在整节课里这位教师共说了 30 次“Not at all”。

第五章　英语课堂教学话语的互动性研究

英语课堂上的师生互动主要通过话语来实现。但并不是说，只要教师和学生说话了，课堂就实现了互动。互动式话语与非互动式话语有很大的区别，教师既可以通过使用互动式话语促进英语课堂上的师生互动，也可以通过使用非互动式话语控制话语权，降低课堂的互动性。本章将结合实例进一步讨论互动式话语在英语课堂上的积极作用以及非互动式话语的消极作用。

第一节　课堂话语互动性研究概述

英语中有一句熟语："Stop talking like a teacher."，这句话的意思是"不要像老师一样没完没了地说个不停"。这句话的本意不是批评教师，但它反映了人们对教师在课堂上说话方式的一种认识，即很多教师在课堂上唱独角戏，控制大部分说话时间，学生很少有说话的机会。其实，以教师唱独角戏为主的课堂是不利于学生学习语言知识和发展语言技能的。因为知识不是由教师向学生传授的，而是由教师和学生在互动(interaction)的过程中共同建构的；而技能则更不能靠教师的讲解来培养。

建构主义理论认为，互动是课堂上主要的学习途径之一。在语言课堂上，互动的作用尤为重要。互动是交际的核心，因为它既是学习得以实现的途径，也是学习的目的(互动本身就是重要的交际能力)。在互动过程中，师生之间以及学生之间交流思想、情感、知识和生活经验等。课堂上的互动一般有三种形式：①教师与全班学生互动：教师说话、提问，全班学生一起应答或一部分学生应答，学生无需举手，也无需得到教师的许可；②教师与个别学生互动：教师向一个学生提问或请一个学生说话，或者教师向全班学生提问，但指定一个学生回答；③学生与学生之间的互动：学生两人一组或多人一组进行问答练习或讨论，包括两人一组或多人一组到教室前面进行展示或表演。

在传统的以教师为中心的课堂上，教师向学生讲解知识的过程也是一种互动，只是在这种互动中，学生参与程度很低。在以学习者为中心的课堂上，教师与学生以及学生之间的互动更为频繁，互动的作用也更为突出。一般地，互动过程包括意义协商、提供反馈和不断调整的口头表达。按互动的目的，课堂上的互动可以分为四种情况：①以提高课堂参与程度为目的的互动；②以建构知识为目的的互动；③以语言输入为目的的互动；④组织课堂活动中的互动。

一、以提高课堂参与程度为目的的互动

英语课堂上学生应该积极参与到学习活动之中。学生通过参与课堂学习活动来学习知识和发展技能。提高学生课堂参与程度的途径和方式很多(比如组织小组讨论、游戏、比赛等)，但不管采取哪种方式，教师话语的作用都非常重要。在组织课堂、布置教学活动、讲解语言知识点、提供语言输入等环节中，教师都要使用话语。话语使用得当，能够提高学生的参与程度。这里的参与程度不仅包括学生外在(外显)的参与行为，而且包括学生的内心思维活动。如果学生注意聆听教师和其他学生的发言并进行积极的思考，那么也是一种参与。

大多数情况下，课堂在教师的控制之下，包括学生的学习活动和学生说话的时间、方式和内容。话语是教师控制课堂的主要手段。一般情况下，教师说话时，不希望学生说话。只有得到教师的许可之后学生才能说话。教师说话占用的时间、说话的次数、话轮的长度以及说话的方式(如独白式与对话式)都直接关系到学生说话的机会，而学生说话的机会直接关系到学生在课堂上的参与程度。Walsh(2012)指出，教师合理使用会话式语言(conversational language)有利于提高学生课堂参与的程度，从而给学生创造更多的学习机会。会话式语言的特点：自然地分配话轮，不是教师一个人说话，而是让尽可能多的学生说话；教师说话时，不是不间断地说很多话(像大段的独白)，而是尽量引导学生说话；教师提出问题之后，要给学

生必要的思考时间，不要急于给出答案或发表自己的意见。即使学生暂时遇到困难，教师也不宜直接提供答案，而是给学生必要的提示和引导。

教师课堂话语的使用方式直接影响学生的课堂参与程度。同时，教师话语使用方式对课堂气氛也有重要影响，而课堂气氛也会影响学生的参与程度。如果教师善于通过合理使用话语来营造宽松、和谐、民主的课堂气氛，学生就会形成积极参与、踊跃发言的习惯。现在很多教师抱怨课堂上学生发言不积极，其实这与教师的教学方法以及整个课堂的气氛有关。一位教师在教学方位介词 between 时，把一支铅笔放在两个盒子中间，问学生“Where is the pencil？”，学生集体回答“It's between the boxes.”。教师给予了积极的肯定。这时一位学生举手示意要发言(可以看出，学生发言必须举手并得到教师的许可)。教师问“What's the matter？”(从这个问题可以看出，教师以为学生有什么问题，而不是期望学生针对前面的问题继续发言)。这位学生说：还可以说 It's on the desk。教师觉得这个学生故意捣乱，对学生说：“It's between the boxes. Sit down.”这里不能排除这位学生捣乱的嫌疑，但他说的句子也是正确的，而且他敢于大胆地说出不同的答案。教师不仅没有给予肯定，反而给予了变相的打击。这样的课堂话语显然不利于营造宽松、和谐、民主的课堂气氛。久而久之，学生就会失去主动、大胆发言的积极性，从而降低课堂参与程度。

二、以建构知识为目的的互动

传统的课堂上，教师通过讲授向学生传授知识；学生从教师那里接受知识后，再通过口头操练或笔头练习来内化和巩固知识。以建构主义为理论基础的教学思想认为，知识不是由教师向学生传授的。而是由学生自己建构的。在外语课堂上，师生通过互动来建构知识体系。有学者认为，语言课堂的教学过程就应该是一种会话式的交流。在互动式的话语交流过程中，教师和学生共同建构知识(co-construct knowledge)，而在非互动式话语或假互动的话语中，知识是由教师传授给学生的。大量的研究表明，教师与学生共同建构的知识比教师直接传授的知识更容易被学生理解、记忆。请看一个互动的例子：

NS：There's a pair of reading glasses above the plant.

NNS：A what？

NS：Glasses，reading glasses to see the newspaper.

NNS：Glasses？

NS：You wear them to see with，if you can't see. Reading glasses.

NNS：Ahh ahh glasses to read，you say reading glasses.

NS：yeah.

(注：NS = native speaker (教师)；NNS = non-native speaker (学生))

在这个片段中，学生不理解教师说的 reading glasses，因此请求教师解释(A what？)。教师通过举例进行解释(Glasses，reading glasses to see the newspaper．)。但学生仍然不理解，这时教师换一种方式继续解释(You wear them to see with，if you can't see．)。最后学生终于明白了。从这个片段中我们可以看出，学生并不是不知道“眼镜”这个概念，只是不知道在英语中眼镜也叫做 reading glasses。所以，最后他说“glasses to read，you say reading glasses”。总之，通过师生互动，学生成功地理解了教师的话语，同时也建构了知识。有时，教师不理解学生说的话时，也可以通过互动来实现理解。比如：

NNS：Windows are crozed.

NS：The windows are what？

NNS：Closed. (sounding like crossed)

NS：Windows are closed.

NNS：Oh，the windows are closed，oh. OK，sorry.

在这个片段中，学生想说窗户都是关着的，但是他把 closed 说成 crozed，教师不能理解。教师请求澄清(The windows are what？)，学生再说，还是不准确，但教师可能猜到了，所以教师说“Windows are closed”，学生注意到自己的发音与教师的发音有区别。通过互动，不仅实现了相互理解，也使学生建构了新的知识，发展了新的技能。

以上两个例子都是在互动中交际受到影响时发生的意义协商。其实，在教师的教学活动中也可以渗透互动式的意义协商。比如教师讲解词汇和语法知识时，可以通过互动的形式使学生加深对所学语言知识的理解，从而建构自己的知识。Tsui 提供的两个例子可以说明互动在知识教学中的作用。

片段 1：

T：Now ambitions are things you want to be or you want to do. Well，like for example，when I was a small girl，my ambition was to be — what？No，not a teacher，was to be an animal doctor，OK？Have you got any ambitions？(to a student) What is your ambition？

S：Nurse.

T：You want to be a nurse. (to another student)

S：A teacher.

T：To be a teacher. OK. Ambitions，repeat，ambitions.

SS：Ambitions.

T：All right.

片段 2：

T：You know what ambitions are？Em ambitions are things you want to be or things you want to do. OK？Ambitions.

SS：Ambitions.

T：Ambitions.

SS：Ambitions.

在以上两个片段中，教师都对 ambitions 这个词的意思作了简要的解释。在片段 1 中，教师除了解释单词的意思以外，还以互动的方式描述了自己的 ambitions，同时还请两个学生说了说他们的 ambitions。这样学生对 ambitions 这个单词的理解就更加深刻了。而片段 2 中，教师解释单词的意思后，把单词领读了两遍。事后的检测结果表明，接受第一种教学的学生对 ambitions 这个词的掌握情况远远好于第二种方法。下面我们再看一个更长的片段：

T：What was the funniest thing that happened to you at school (1) Tang？

S1：Funniest thing？

T：The funniest.

S1：The funniest thing I think out of school was go to picnic.

T：To on a picnic？So what happened，what made it funny？

S1：Go to picnic we made playing or talking with the teacher more closely because in the school we have a line you know he the teacher and me the student——

T：— So you say there was a gap or a wall between the teacher and the students so when you —

S1：If you go out of the school you went together with more (gestures "close" with hands) —

T：— So you had a closer relationship. [outside the school]

S1：Yeah yeah.

在这个片段中，教师请学生讲一讲学校里最开心的事情。一位学生讲述了他们与教师一起野炊的经历。通过反复的意义协商式互动，学生成功地完成了任务，而且在互动过程中学习了语言知识。其中最典型的例子是关于缩小师生距离的意义协商：学生说"we have a line you know he the teacher and me the student"，教师明白学生的意思，但注意到学生使用的语言形式不正确，教师说"So you say there was a gap or a wall between the teacher and the students"之后学生通过手势来表示师生距离缩小时，教师说"So you had a closer relationship"。最后，学生说"Yeah yeah"。我们不能保证学生仅仅通过这一次互动就能掌握gap和closer relationship等概念，但是，如果英语教学中经常有这样的互动，对学生的学习肯定是大有裨益的。

以共同建构知识为目的的师生互动有以下特点：

(1) 学习语法知识时主要是培养语法意识。教师引导学生观察问题并提出解决方案。当学生遇到困难时，教师不是直接给出答案，而是提供更多的例子，这样学生能够根据语境进一步思考语法形式。

(2) 学生出现错误时教师提供反馈。反馈的方式不是直接告诉学生某个语言形式是错误的，而是与学生继续互动，使学生自己意识到错误所在。

(3) 合理分配话轮。互动式的教师允许学生自由发言。即使是由教师指定学生发言时，他们也会注意那些举手示意或有发言欲望的学生。

(4) 注重学习策略和学习风格的培养。学生遇到困难时，教师鼓励学生不要放弃，引导学生分析具体的困难所在，从而解决困难。

师生共同建构知识的互动过程既可以看作师生之间的话语交流，也可以被看作一种教学途径。Ellis 把传统的基于语言形式的教学方法与任务型语言教学进行了对比：

表 5-1　传统的基于形式的教学法与任务型语言教学对比

传统的基于形式的教学法	任务型语言教学
由提问、反应和反馈组成的僵化的话语结构，即通常所说的 IRF	比较松散的话语结构
教师控制话题的发展	学生能够控制话题的发展
由教师控制话轮(tum-taking)	根据日常会话的话轮规则来协调话轮，由说话者自己决定话轮的转移
提问者通常提一些答案已知的展示性问题	提问者通常提一些答案未知的参考性问题
学生的主要角色是对教师的问题作出反应，因而只涉及较少的语言功能	学生既可以提出问题，也可以对问题作出反应，因而涉及多种语言功能，如询问或提供信息、同意或反对、给出指令
基本上没有意义协商的过程	交际出现障碍时学生要进行意义协商
教师提供帮助的目的是为了使学生说出正确的句子	教师提供帮助的目的是为了使学生说出他们想说的话
教师主要针对学生语言产出的正确性提出反馈意见	教师主要针对学生语言产出的内容提出反馈意见
教师重复某个(些)学生的话语时，其目的是为了让全班学生听见	学生重复别人的话语主要是出于个人交际目的的需要，如确认、澄清

仔细观察 Ellis 归纳的上述区别可以看出，任务型语言教学与传统教学的区别在很大程度上是话语的区别。其中最主要的区别就是：传统语言教学中师生话语缺乏互动性，而任务型语言教学中的师生话语具有较强的互动性，如话语结构比较松散，学生能够控制话题的发展和话轮的转换，学生能根据需要进行意义协商，教师提供帮助的目的是使学生说出他们想说的话而不是教师期待的语言形式，教师主要针对学生语言产出的内容提出反馈意见，等等。

由于语言教学界越来越重视课堂交互的作用，教师话语的另一功能也越来越受到重视，即引导和组织学生积极参与各种交际活动，为学习者创造交流信息、表达思想的环境和机会，使他们通过交际和意义协商促进语言习得。教师话语的这一功能使得教师的角色和地位也发生了相应的转变——由原来知识传授者的主导地位转为辅助的协商者、引导者。但是，很多教师不能有效地使用课堂话语来构建和谐的课堂气氛和师生关系。根据张敏的研究，教师话语所表现出的交际模式多为下行(top-down)单向沟通，教师与学习者之间存在信息差与权力距离(power distance)，如教师对提问的答案通常是知道的，因此，教师和学习者在交际过程中的角色总是不平等的，而在自然言语中，信息发送者和接收者之间的地位是不断变化的，是互动的双向沟通。

三、以语言输入为目的的互动

教师课堂话语是学生重要的语言输入来源之一。教师给学生讲的故事，教师创设语境时所作的叙述，教师提供的示范性对话或独白，教师在组织课堂教学活动时发出的指令，等等，都是语言输入。示范(modeling)在语言教学中起重要作用。教师可以示范单词的读音，可以通过举例来示范词汇和语法的意义和用法，可以示范对话供学生模仿。相当一部分示范又可以作为学生的语言输入。

语言输入的作用在此不必赘述。那么为什么输入性语言也应该具有互动的特征呢？这是因为以教师为主导的传统课堂没有真正意义的交际，因而学习者所获得的可理解的语言输入较少，不利于语言习得。当教师使用丰富的语言并有意识地经常多重复一些相关的关键词或习语时，学生就极有可能输出这些关键词或习语，前提是必须保证它们在输入语中经常出现，而且是以交流的、互动的形式出现，而不是以讲词汇或短语的形式单独处理。周星、周韵对以“学生为中心的主题教学模式”的英语课堂教师的话语进行了调查与分析，结果表明，这种新的教学模式能给学生提供更多的交际机会，因而有利于语言习得。

意义协商对语言学习的作用非常重要，但是如果没有互动，就没有意义协商的机会。那么是不是教师和学生轮流说话就算互动了呢？显然不是的。如果教师话语使用不当，可能降低课堂话语的互动性：①教师替学生说话或者帮学生把话说完；②教师打断学生的话进行纠正；③互动过程中没有意义协商；④教师重复学生话语，特别是学生回答正确的时候；⑤一味地按照“提问—回答—反馈”模式进行互动。

当学生的回答有欠缺的时候，如果教师重复(通常用升调)，可以引起学生的注意，并进行自我纠正。这种重复在二语习得研究中叫做 recast，是意义协商过程很重要的一种手段。但是，在课堂上教师重复学生正确的回答的现象也非常普遍。请看一个片段：

T：Why do you like ×××，please?

S1：XXX is beautiful and clean.

T：Yes. It’s beautiful and clean. Yes.

S2：There are some beautiful flowers.

T：Yes. There are some beautiful flowers. Right.

S3：There are some parks.

T：Yes. There are some parks. Yes.

S4：It’s very big.

T：It’s very big. You think it’s big. Yes. OK.

S5：It’s my hometown.

T：It’s your hometown. Yes. OK. All right.

在这个片段中，教师把每个学生说的话都重复一遍。那么这样的重复有什么意义呢？一种观点认为，教师这样做是对学生回答的确认，包括内容上的确认和形式上的确认。如果教师重复时与学生说的话是一致的，说明学生的回答是正确的。另一种观点认为，教师的声音一般比学生的声音大，教师的重复可以让全班学生听得更清楚，另外还可以增加一次正确语言输入的机会。但是，这样的重复会占用大量的课堂教学时间，而且降低话语的交际性和互动性，因为教师并没有提供新的信息或观点。Macaro 认为，教师重复学生正确的回答有四种消极的作用：①以后学生发言时可能不会大声说话了，因为他们知道反正教师要大声重复的。

②其他学生可能不重视发言学生说的话，因为他们知道教师反正要再说一遍的。③这种重复会使课堂互动成为一种机械的练习，而不是有真正意义的交流。④有可能扩大师生话语量的不平衡。如果教师把学生说的话重复一遍，无形之中增加了教师的话语量。

教师课堂话语是学生重要的语言输入，但是如果教师大段地独白，或者朗读教材中的对话，或者简单重复学生的话语，这种输入的意义就非常有限。教师应该以互动的形式向学生提供输入，并在互动过程中不断调整语言输入。

四、组织课堂活动中的互动

在课堂教学中，教师经常需要给学生发出各种指令(instructions)。比如教师在组织活动时，需要向学生讲清楚活动的目的、内容、方式、要求以及完成活动后的结果等。教师的指令是否清楚直接关系到活动的成功与否。课堂上我们经常看到因教师的指令不清楚而导致活动不能顺利开展的情况。比如：一位教师在训练“Turn left. Turn right.”的时候，让学生听指令做动作。教师先用英文说明活动的要求：“This time I want everybody to do the actions. Please stand up. I say, you do. OK?”，学生们齐声说“OK”。教师发指令“Turn left”，学生大声说“Turn left”，而没有做向左转的动作。接下来教师又详细地解释：“You must listen to me carefully. You do the actions. I say turn left. You just turn left. Don't go straight on. OK?”，学生齐声说“OK”。接着教师再发指令“Turn left”，这次学生不但做了Turn left，还做了Go straight on的动作。教师无奈，只好放弃了英文，改用汉语作解释。在这个案例中，学生为什么反复出错呢？

这个活动的主要问题是指令不清楚。其实这位教师可以用不同的方式向学生发出指令：①教师一边说指令一边做动作，学生跟着做；②教师说英文指令；③教师说中文指令。指令的种类是不一样的。有些指令，比如“Turn left”“Turn right”，这本来就是相当于练听力的指令，需要用英文说。还有一种指令就是课堂活动本身的一些指令，比方这位老师讲的：“You must listen to me carefully. If I say turn left, you just turn left. Do not go straight on. You do the actions. OK?”学生为什么出错？实际上是这些指令不清楚，学生并不知道老师要他们干什么，所以学生就反复出错了。

许多课堂上都发现有许多类似的问题。有的教师自己说得很清楚，学生没听懂，有的是指令本身就很不清楚，要么没有逻辑，要么说得不准确。比如：一位教师让学生操练“Can I have some bread？”句型。首先学生相互问这个问题，然后学生再根据自己拿到的卡片回答“Sorry，you can't.”或“Yes，you can.”。教师说完要求后，学生开始活动，但是教室里一片混乱。问题在于教师指令不清楚。如果教师手上拿着一个东西进行示范的时候，最好能叫一个学生到前面来帮助。因为教师的目的是让学生能进行双向的练习。如果老师仅仅一个人进行示范，就很容易使学生造成理解上的错误。很多有经验的教师做这种示范的时候，一会儿站这边表演一个角色，一会儿又站到那边，做出另外一种扮相表演另外一个角色，这就使两个角色之间的交互活动表现得很清楚。

组织课堂活动时，教师话语的目的是使学生明白他们要做什么、怎么做。除了要做到语言清楚、准确以外，教师话语还应该具有互动性。因为即使教师的指令很清楚、很准确，不同的学生也可能有不同的理解。因此，以组织活动、参与活动、提供帮助为目的的指令应该是互动式或协商式的指令，而不是单向的、强制性的指令。这种指令通常只是要求学生做重复性、操作性或记背性的练习，学生甚至可以在不明白意思的情况下按这些指令做事。教师在衔接各项活动，促进学生练习时，尤其需要体现本身就是语言交际功能的语言技巧，这种语言技巧对学生可以起到示范作用，通过这种语言输入对学生的语言学习产生影响，提高学生话语的交际质量。

第二节　互动性与学生的课堂参与程度

互动与课堂参与的关系十分密切，可以说是相辅相成的关系。互动程度较高的课堂上，学生参与程度也会较高。反之亦然。那么如何提高课堂的互动程度呢？除了设计互动性教学活动以外，教师应尽可能使用互动性话语。如果教师能够使用互动性语言，不仅能提高课堂教学过程的互动性，而且能提高学生的参与程度。

请看下面的例子：

T：Now today，we will like to learn a new lesson，that's Lesson Seventy-three. (在黑板上书写 Lesson Severity-three) —that's the...

SS：Seventy-third lesson.

T：Very good，seventy-third lesson (writing the blackboard) — OK. This lesson is in a new unit，that's Unit ...

SS：Nineteen.

T：Yes，it's about weather report.

SS：Report.

T：Weather report. Do you know the word weather？

SS：Yes.

这个片段是一节课最开始的一个环节，主要目的是告诉学生今天要学哪个单元的哪一课，这一课的话题是什么。学生所使用的教材是按单元、课来设计的；每个单元有 4 课，所有单元的课连续编号，这样第 19 单元的第 1 课就是第 73 课。在这个片段中，教师不是直接把课的序号和话题告诉学生，而是巧妙地引导学生自己说出来。所以教师说完"that's Lesson Seventy-three"之后，没有直接说"that's the seventy-third lesson"，而只说了"that's the…"，让学生说出"the seventy-third lesson"(在初中英语教学中，很多教师都会把课的序号分别用基数词和序数词分别说一遍)。教师说完"This lesson is in a new unit"之后，也没有直接说"that's Unit Nineteen"，而是让学生说出"Nineteen"。同样，在说明本课的话题时，教师也没有直接说出"weather report"，而是让学生说出来的。教师这一巧妙的话语使用技巧在她后面的教学活动都坚持使用，在一定程度上提高了学生的课堂参与程度。当然，我们也发现她这一技巧也有使用不当的地方。比如：

T：Uncle Wang mended the TV set for her ...

SS：Her.，.

T：Is uncle Wang's home far from here？

SS：No，it is not far from here.

T：It is not ...

SS：Far from here.

在这个片段中，教师在两处有意停顿，让学生说下面的内容，一处是 her，另一处是 far from here。其实，这两处没有必要有意停顿让学生说，特别是 Uncle Wang mended the TV set for her 中的 her，因为作为代词的 her 在句子末尾，且不是句子的信息重点。教师在此处停顿，让学生说一个代词 her，显得不是很自然。这样做容易让学生养成一种总是重复教师话语末尾部分的习惯。这一点在这位教师后面的教学活动中有较为明显的体现。

英语教师在课堂上自问自答的情况比较普遍。教师提问以后，学生还没有来得及思考和回答，教师就说出答案。有的教师这样做是为了节省时间，有的教师则是认为学生不知道正确答案，所以替学生回答。其实，教师自问自答的做法，表面上可以节省时间，实际上往往会降低课堂上学生的参与程度。请看两个例子：

T：Yeah. It's a car，What colour is it？It's red It's a red car.

T：I want to go to the shop. Where is the shop？Look，it's over there.

在第一个例子中，教师向学生出示一辆红色小汽车(图片)，问学生“What colour is it？”，未等学生回答，教师立即说出“It's red．It's a red car．”。在第二个例子中，教师希望教授单词 shop。她创设了一个简单的语境，希望学生能够从教师的话语(I want to go to the shop．　Where is the shop？)以及黑板上图片的提示来理解 shop 的意思。可惜的是，教师在提问之后，自己立即说出“Look，it's over there．”。在这两个例子中，教师都是自问自答，学生失去了参与的机会。如果教师稍等片刻，让学生说出答案，不仅有利于学生自己建构知识，而且有利于提高学生在课堂上的参与程度。

第三节　话语的互动性与意义建构

二语习得理论认为，语言学习的重要途径是在意义协商的过程中建构意义。在意义协商过程中，教师和学生通过说话的方式传达信息，沟通思想，建构意义。

学生在这个过程中接触语言、体验语言、学习语言和使用语言。意义协商的过程主要关注语言的意义，而不是语言的形式。虽然“意义协商”和“建构意义”这些概念好像只限于二语习得研究领域，但实际上，即使在传统的语言教学课堂上，也有相当一部分教学活动属于意义协商过程。意义协商主要通过师生之间的互动来实现，而互动的基本形式就是话语。因此，互动式话语在英语课堂上起着十分重要的作用。在词汇教学和语法教学的过程中，以建构意义为目的的互动非常重要。请看一个教学片段：

T：And what do you usually do at night?

SS：Watching TV.

T：You watch TV. Mhm. You need a TV +set+

SS：+set+

T：You need a TV +set+

SS：+set+

T：Good. Do you have a TV set at home?

SS：Yes.

T：I do. I do. I have a TV set at my home. OK，good now first. My TV set was broken yesterday. So I ask Uncle Wang to mend my TV set. Then today I will go to Uncle Wang's to ...

SS：To get your TV set.

T：To get my +TV set+

SS：+TV set+

T：To get something back，for example，this is my pen. OK now. I give my pen to the girl — and then，now I want it back.

SS：Thank you.

T：OK，thank you. Then I got the pen +back+

SS：+back+

T：Got the pen +back+

SS：+back+

T：Understand？

SS：Yes.

这个教学片段主要是为了教授 TV set 和 get something (back)这两个词汇项目。整个教学过程就像一段连续的自然交流。为了引出 TV set，教师说"You watch TV，mhm，you need a TV…"，这时教师没有直接说出 set，而是等学生说出来。同理，为了引出 to get my TV set，教师创设了把电视机送到王叔叔家去修理的情景，然后教师说"today 1 will go to Uncle Wang's to…"，引导学生说出 to get your TV set。为了呈现 get something back 这个表达法，教师即兴在课堂创设了一个情景，很自然地展现了这个表达法的意义。这个片段的突出特点就是在互动中进行意义协商，帮助学生建构知识和概念，但意思协商的挑战性不够大，教师提供的帮助偏多，学生思考的余地很有限。

尽管现代外语教学不主张教师直接讲解词汇、语法等语言知识，词汇和语法的学习仍然是英语教学的重要内容，但很多教师都感觉到词汇难教，学生感到词汇难学。其实，词汇之所以难教、难学，一个主要原因是教和学的方式不尽科学，教和学的效果不尽如人意。比如，很多教师在进行词汇教学时，直接把词汇的中文意思告诉学生，然后让学生跟读、拼写。这种看似直截了当、效果明显的教学方式其实并不利于学生真正理解词汇的意义和用法。如果学生能够在教师的引导下，通过自己的观察、思考和感受来理解词汇的意义和用法，学习效果就会好一些。在这方面，教师的话语起着重要作用。无论以何种方式进行词汇和语法教学，教师话语是必不可少的。教师话语是否使用得当，直接关系到语言知识学习的效果。互动式的话语有助于提高词汇教学的效果。请看下面的例子：

T：Now，I would like you to learn some new words. I would like you to learn some new words. First，long，long — look at this one，this and this one. (教师向学生展示几样较长的物品) This one is very……(教师展示一样较短的物品)

SS：Short.

T：And this one is very ... (教师展示一样较长的物品)

SS：Long.

T：Very ...

SS：Long.

T：OK.

这个片段蛀牙教授单词 long。教师没有直接告诉学生这个单词的意思是“长”，而是通过互动以及实物展示来让学生体会 long 的含义。值得注意的是，在这种情况下，教师出示的实物应该确实能够表现单词的意义，否则就不利于学生学习。

词汇教学除了可以借助实物、动作、表情等以外，还可以充分利用语境。如果教师能够为目标词汇设计一个合理的语境，并根据语境与学生进行互动式交流，词汇的意思就会不言而喻。请看下面的例子：

T：OK. Yeah，but long here has another meaning. Now listen to me. It rained hard yesterday and it rains hard this morning. So the rain lasted +long+

SS：+long+

T：The rain lasted +long+

SS：+long+

T：Here the word long means the +time+ time is +long+

SS：+time is long+ +long+

这个片段的目的是教授 long 表示“时间的长短”的含义(在此之前已经教授了表示长度的含义)。显然，这个意义不适合通过实物来体现，所以教师创设了一个语境：昨天雨下得很大，今天上午还在下，所以雨持续了很长时间。学生很容易就理解了 long 表示时间持续很长的意思，所以他们在教师的启发下说出“time is long”。

在以建构意义为目的的互动中，教师和学生的话语应主要关注语言的意义，而不是语言的形式。当然，最好能够把形式与意义有机地结合起来(参见后面的讨论)。在互动过程中，首先要确保学生真正理解语言的意义，特别是新学目标语言项目的意义。比如在词汇教学中，教师应通过互动的方式帮助学生理解词汇的意义和用法。在学生理解词汇的意义和用法之前，应尽量避免进行拼写和语音模仿。

一些英语教师在新授词汇的教学过程中，往往急于让学生进行拼写训练。请看下面的片段：

T：Look at this cat，it's very cute. (教师出示猫的图片) (教师拼读单词并领读：c-u-t-e，cute)Spell the word. (这是教师让学生拼写单词的常用指令语)

SS：C-u-t-e.

T：Good. Cute.

SS：Cute.

T：What is cute？

S1：Cat is cute.

S2：Goldfish is cute.

在这个片段中，教师的意图是通过图片提示、领读、拼写、举例和师生互动等形式来教学单词 cute，教师希望学生掌握单词的音、形、义和用法。但是，能否达到预期的效果则需要打一个问号。从教学过程来看，教师与学生的确进行了互动。在片段的开始。教师向学生出示一只猫的图片(应该为一只可爱的猫)，并告诉学生“It’s very cute. ”。教师希望通过图片的提示使学生理解 cute 的意思是“可爱的”。但是，仅凭一张图片的提示很难保证大多数学生确实正确理解了 cute 的意思。这时，教师并没有通过进一步的意义协商方式来使学生理解 cute 的意义，而是拼读单词和领读单词，之后让学生拼写单词。然后，教师问学生“What is cute？”，尽管两个学生分别说出了“Cat is cute”和“Goldfish is cute”，但我们很难确信学生真正理解了这个单词的意义。这个片段的设计意图是通过意义协商来帮助学生建构意义(即理解 cute 的意义)，但是这个意义协商的过程被教师的单词领读、单词拼写等环节打断。表面上看，教师这样处理可以使学生对单词的音、形、义进行全面的学习(很多教师希望学生全面掌握)。但实际上，因为意义协商过程反复被打断，其效果就会大打折扣。

以建构意义为目的的互动应尽可能体现真实交际的特征。在尽可能真实的交际过程中，学生需要积极思考，充分调动已经掌握的知识与技能，表达真实的思想，这种学习过程有利于学生建构新的意义。在课堂上我们经常看到这样的情况：

教师通过图片、单词卡片、例句等形式把新知识呈现给学生。教师不像传统教学那样直接把新学语言项目的意思告诉学生，而是希望学生通过观察图片和例子来理解语言的意义。但是，如果教师不善于使用互动式话语与学生进行真实的交际，学生也可能体会不到建构意义的过程。请看下面的片段：

T：Look. I have a tall friend. It is very very tall. What is it？You’re right. You see. The giraffe is tall. It's so tall. Say after me. Tall，tall，tall，the giraffe is tall.

SS：Tall，tall，tall，the giraffe is tall.

T：Look. Is this a giraffe？+No. It’s a deer.+

SS：+No. It’s a deer.+

T：Is it tall？+No，it’s short.+

SS：+No，it’s short.+

T：Say after me. Short，short，short，the deer is short.

SS：Short，short，short，the deer is short.

T：You’re right. You see. The giraffe is tall and the deer is short. I’m tall you are short. What is tall and what is short？

SS：...

在这个教学片段的开始，教师向学生出示一张图片(一只高大的长颈鹿)。教师希望学生能够通过“I have a tall friend. ”“It is very very tall. ”“The giraffe is tall. ”“It’s so tall. ”等句子来理解单词tall的意思。之后教师让学生跟读“Tall，tall，tall，the giraffe is tall. ”之后教师出示一只(小)鹿的图片，通过“Is it tall？”这个问题的提示引导学生说出“It’s short”这个句子。之后领读“Short，short，short，the deer is short. ”。从师生互动的话语来看，学生似乎完全理解了tall和short的意义。但是，如果说学生完全理解了这两个词的意思的话，恐怕不是这个教学片段的功劳。因为，假如这两个词对学生是完全陌生的，那么当教师指着小鹿说“Is it tall？”时，学生是不可能马上说出“No，it’s short”这句话的。所以，我们推测至少相当一部分学生已经学习过这两个词。如果大多数学生的确没有接触过这两个词，那么我们认为这种教学方式并不能保证学生正确理解这两个词的意思。

在整个互动过程中，学生只有两次表达思想的机会，即“No，it’s a deer.”和“No，it’s short.”，其余的说话机会只是跟读。即使学生在重复“Tall，tall，tall，the giraffe is tall.”时，也不一定能够确信他们理解了 tall 的意思(参考第一章第二节所举的例子)。顺便提及，在英语中能否用 tall 和 short 来修饰 giraffe 和 deer 可能还需要考究，a tall giraffe 和 a short deer 听起来总觉得别扭。

在以上讨论中我们举的例子基本上不涉及交流(理解)的困难，所以真正的意义协商过程并不明显。实际上，由于一些英语教师未能充分认识意义协商的作用，因此，在教学中不善于创造意义协商的机会。在学生确实遇到交流(理解)方面的困难时，教师不善于通过意义协商的方式解决问题，而是转向语言知识的讲解。请看一个教学片段：

T：... I would like to talk about new title. Now listen to the tape. Listen to the tape. OK？And then show something you heard — (学生听录音)This is the text we will learn today. Can you catch the meaning？Maybe it's a little difficult，right？Because it's something new. Now let’s ... let me explain it to you. OK now. It will be hot tomorrow — really — (在黑板上板书) Will it +be+ (继续板书)

SS：+be+ hot tomorrow.

T：Will it ...

SS：Be hot tomorrow.

T：Will it ... It will ... It will ... Then we change it into +will it+

SS：+will it+

T：Yes，how witi you answer me +yes+

SS：+yes+ it will.

T：Yes it +will+

SS：+will+

T：+no it+

SS：+no it+ won’t. It won’t. It won’t.

T：It +will not+ then，combine the word +will not+. Yes. (在黑板上板书)

SS：+will not+

T：+it won’t+

SS：+won’t+

T：OK. Won’t.

SS：Won’t.

T：Won’t.

SS：Won’t.

T：No，it won’t.

SS：No，it won’t.

T：So will the bad weather last long？Will the bad weather last long？

SS：Yes，it will. No，it won’t.

T：OK. I would like you to listen to the tape again. Listen to the tape again and then answer my question，and then answer my question. OK？

在这个片段的开始，教师给学生播放一段对话的录音。之后教师问学生“Can you catch the meaning？”，学生可能略有迟疑(实际上即使学生听懂了对话，也很难回答教师的这个问题)，教师判断学生在理解对话上有困难(Maybe it’s a little difficult，right？)。这时，教师没有与学生一起再次听录音并通过互动的方式帮助学生解决理解上的具体困难，而是开始讲解对话中出现的语法结构。除了讲解以外，还进行了反复的跟读训练。那么这种做法是否能够帮助学生解决理解上的困难呢？其实不一定。首先，我们不能肯定学生理解上的困难是由于对话中某些新的语法结构造成的。其次，讲解语言材料中的语法结构不能保证学生克服理解上的困难。

在英语课堂上，学生通过听或读接触新的语言材料之后，教师可以通过师生互动的方式帮助学生加深对语言材料理解或检查学生对材料的理解情况。这种互动不应该是简单地重复或模仿语言材料，也不应该是以互动的形式学习材料中的语法结构，而应该是以意义协商的形式换一种角度重新建构意义。比如，如果所给语言材料中是 A、B 两人的对话，那么师生互动时就应该以第三者的角度来讨论 A、B 两人的对话，这样教师和学生不是虚假地以 A、B 两人的角色进行交流，而是以局外人的角色对 A、B 两人的对话进行再解读，从而师生之间的交流就可能更真实、更有交际意义。另外，师生互动要更加注重所给语言材料背后的语境信息、语用信息等，而不能局限于语言材料本身。请看上面教学片段之后的教学环节：

T：OK. I would like you to listen to the tape again. Listen to the tape again and then answer my question，and then answer my question. OK？

SS：OK.

T：Ready？(学生听录音 30 秒) OK？

SS：Yes.

T：Answer my question. Bad weather or good weather？

SS：Bad weather.

T：Bad weather，the man said“what +bad+ what a bad weather”.

SS：+bad weather+

SS：What bad weather.

T：What bad weather. Eh，it is snowing or it is raining？

SS：Snowing.

T：Snowing. Will the snow last long？

SS：No，it won't.

T：No，it +won't+

SS：+won't+

T：How do you know？

SS：No the snow will fall (unclear sounds) today.

T：Yeah，later.

SS：It's cold.

T：Yes here. So let me write down the words — tomorrow — later — later on —later in the day and soon — quickly — later. Then I would like you to make some dialogues. I would like you to make some dialogues. OK？For example：What bad weather. It will be hot tomorrow. Will it be hot tomorrow？Yes. It will. Understand？

SS：Yes.

T：Now I give you 20 seconds to prepare，OK？Talk with each other. Now begin.(学生练习 20 秒之后) Anyone？Good. Thank you.

S1：What bad weather. It will be warm tomorrow.

S2：Will it，will it be warm tomorrow？

S1：No，it won't.

T：OK. What bad weather. It will be warm tomorrow. What weather？

S1：What weather.

T：Good or bad？

S1：Good.

T：Who like to be warm？Who likes to be warm or to be cold？

SS：Be warm.

T：Be warm. So you say what +good weather+

SS：+good weather+

T：What good weather. Again，again!

S1：What good weather. It will be warm tomorrow.

S2：Really？Will it be warm tomorrow？

S1：Yes，it will.

T：Thank you. Very good. Anyone？—— OK.

S3：What good weather. Will it be sunny tomorrow？

S4：Yes. It will be sunny tomorrow.

在这个片段的开始，教师让学生听录音并准备回答问题。听完录音之后，教师以“Bad weather or good weather？”为开端，开始了一系列的提问，学生逐一回答。但是，仔细观察可以发现，师生之间的互动主要是重复和模仿，包括教师重复学生的回答(可以视为一种对学生回答的肯定和确认)和学生重复教师的话语(可以视为一种强化)。重复最明显的话语有“bad weather，what bad weather，it won't.”。那么这样的师生互动的效果如何呢？在后面的操练环节中问题就显现出来了。

第一个阶段的互动结束之后，教师在黑板上板书了对话中涉及的一些关键词，然后要求学生两人一组进行对话练习，并举了一个例子："For example：What bad weather．It will be hot tomorrow．Will it be hot tomorrow？Yes．It will．"。

学生练习 20 秒之后，教师请两个学生表演对话。这两个学生的对话是：

S1：What bad weather. It will be warm tomorrow.

S2：Will it，will it be warm tomorrow？

S1：No，it won't.

这两个学生的对话似乎很流利，而且所说每个句子在语法上都正确(前面的句型操练似乎达到了目的)，但是，这个对话显然是缺乏逻辑的。学生 1 在第一个话轮说的两句话本身就是前后矛盾的，而他在回答学生 2 的问题时所作的应答又与前面说的矛盾。从这里可以看出，学生并没有真正理解所听对话的含义，特别是没有理解 What bad weather 的含义和用法。所幸的是，教师发现了问题并进行指导性纠正。经过教师和学生共同努力，这两个学生终于正确地表演了对话。遗憾的是，另外一组学生(学生 3 和学生 4)表演对话时，也出现了明显的不当之处。学生 3 的前两句话缺乏逻辑："What good weather．""Will it be sunny tomorrow？"。

第四节　互动性与信息交流

除了建构意义以外，语言课堂上互动的另外一个重要功能是信息交流，即参与互动的各方根据互动的目的提供信息和接收信息。虽然课堂上的信息交流不都是真正意义的交流，但信息交流活动应尽可能接近真实的交流。为此，教师需要创设恰当的交际情景，设置必要的信息沟。同时，在互动中要尽可能遵守信息交流的一般原则，比如质与量的原则、合作原则等。在提供信息和接收信息的过程中，学生需要使用某些语言知识与技能。另外，以交流信息为目的的互动与语言操练活动是有很大的区别的。本节我们结合几个教学片段作进一步的讨论。我们首先看一位小学英语教师上课伊始时的一段开场白：

T：It's sunny today，isn't it？The highest temperature is 25℃ and the lowest temperature is 19℃. It's warm today.

这段开场白的目的是引入本节课关于天气的话题，但是显得很不自然。教师说出“It’s sunny today，isn’t it？”之后，未等学生反应就接着说“The highest temperature is 25℃ and the lowest temperature is 19℃.”。在以信息交流为目的的话语中，信息提供者一般只提供信息需求者需要的信息。也就是说，只提供对方希望获得的信息。在上面的开场白中，学生并没有要求教师提供当天的最高气温和最低气温的具体情况，因而教师的话语显得不自然，教师好像是在自言自语。当然，如果作为寒暄式的交流，确实可以谈论天气，但这种情况下一般不涉及天气的具体信息(如最高气温和最低气温)，除非听话人特别地提出问题，比如：

A：It's warm today，isn't it？

B：Yes，it must be over 20，right？

A：Yeah，the weather forecast said the highest is 25.

课堂毕竟是课堂。英语课堂上真正的以交流信息为目的的交际机会并不多。所以，很多教师经常通过创设语境来创造信息交流的机会。虽然这样的信息交流与现实生活中的信息交流还存在差别，但也能为学生提供语言实践机会。需要注意的是，教师创设语境时，要使语境尽可能真实。真实的语境不仅能提高信息交流的真实性和学生获取信息的愿望，同时也能使学生了解信息交流是在什么情况下发生的。请看一个教学片段：

T：Did you watch the weather forecast yesterday evening？

SS：No.

T：I watched the weather forecast yesterday evening. Do you want to know the weather in different cities？

SS：Yes.

T：You can ask me “What's the weather like in...？” Here's a map of China. (教师把天气预报中常用的天气标志和一些城市的名称贴在黑板上)

S1：What's the weather like in Beijing？

T：It's cloudy.

这个片段的主要教学目的是练习“What’s the weather？”这个句型。为了使操练活动具有交际性，教师没有让学生简单地重复和模仿，而是设计了一个信息交流的互动活动。教师首先问学生昨晚是否看了电视上的天气预报，学生回答“没有”。这时教师问学生他们想不想知道不同城市的天气。得到学生的肯定回答之后，教师没有直接告诉学生各地的天气情况，而是要求学生使用“What’s the weather like in…？”这个句型来向教师提问。教师的设计思路清楚，情景创设基本合理。但是，这个片段中还有值得商榷的地方。当教师问“Do you want to know the weather in different cities？”时，学生都回答“Yes”。问题在于学生为什么想知道不同城市的天气情况呢？虽然，学生都回答“Yes”，但看不出学生希望了解各地天气情况的理由。如果学生在这种情况下向教师提问，就是一种没有交际目的的信息交流。其实，教师可以把语境创设得更加真实一些。比如，教师可以这样创设情景：Mary 最近可能要到以下几个城市旅游，她想了解这几个城市最近的天气情况，请你帮她收集最近一两天的天气情况，你们可以向老师提问。这里还有一个问题需要注意：天气预报一般使用将来时态，而教师希望学生练习的时态是一般现在时。课堂互动不仅要有信息交流，而且还要考虑信息交流的连贯性和一致性。也就是说，互动过程中交流的信息是彼此有关联的信息，教师和学生围绕一个话题进行交流。一些教师在课堂互动中说的话过于随意，导致话语中的信息彼此没有关联，话语显得不连贯，也不够真实。请看下面的例子：

T：Today I’m going to Shidai Supermarket .Where are you going？

S1：I’m going to the cinema.

S2：I’m going to the Zoo.

T：Can you tell me the way to Shidai Supermarket，please？

SS：Go along Hailian Road and then turn left at the fist crossing. The Supermarket is on your lest.

T：Thank you.

在这个片段的开始，教师告诉学生她今天要去时代超市，并问学生他们要去哪里(这句话本身缺乏语境，也不够真实，因为教师和学生都在学校上课)，有的学生说去电影院，有的说去动物园(显然是操练语言而已，而非表达真实意义)。从前三句话来看，师生互动的焦点是交流今天的计划和安排。但是，第四句话，教师又向学生询问去时代超市的路线，学生说出了具体的路线。那么这个片段的教学目的究竟是什么呢？显然，教师希望学生练习如何描述路线。如果是这样的话，教师大可不必问学生他们今天要去哪里。教师可以跳过“Where are you going？”这个问题，直接向学生询问去时代超市的路线。

在上面分析的这个片断中，教师只是穿插了一些无关的话题，互动的开始和结尾还是呼应的。有些课堂互动中，由于教师的提向没有任何计划性，师生之间的信息交流几乎看不出任何中心话题。课堂是在教师的控制之下，而且教师往往是通过话语来控制课堂。所以，如果教师在与学生的交流中漫无目的地提问，那么课堂互动就出现无序的状态，请看一个教学片段：

T：When I travel，I mast take it. Because I use it to call my friend. Do you know what is it ？

SS：手机。

T：Yes，good. I have a yellow mobile phone. Does your mother have a mobile phone?

SS：Yes.

T：What colour？So you can say your mother has a white mobile phone.

SS：My father has a white/black/red... mobile phone.

在这个片段中，教师先让学生猜谜语。学生猜出谜底(手机)之后。教师告诉学生她有一款黄颜色的手机，问学生他们的妈妈是否有手机。之后再问学生妈妈的手机是什么颜色的。虽然整个互动都是围绕手机进行的信息交流，但是我们看不出信息交流的中心话题，也看不出信息交流的目的。虽然学生似乎很积极，踊跃发言，但师生之间的互动目的性不强。下面是一个更长的教学片段：

T：Good morning，boys and girls. Sit down please—who is on duty today?

S：I’m.

T：What's your name?

S：My name is Liu Yuan.

T：Hi Liu Yuan，how are you?

S：Fine，thanks，and you?

T：I'm fine. Liu Yuan，please answer me one question. Did you watch TV yesterday?

S：Yes，I did.

T：Good. Did you do your homework yesterday?

S：Yes，I did.

T：Good. Good boy. Did you do your homework yesterday? Did you，yesterday?

S：Yes，I did.

T：Good. Did you telephone your friend yesterday?

S：No，I didn't.

T：OK. Did you do your homework yesterday?

S：Yes，I did.

T：OK. Did，did you watch TV yesterday — did you watch — TV — yesterday —

S：Yes，I did.

T：Will you go to school tomorrow?

S：Yes，I did.

T：Will you，will you go to school tomorrow?

S：Yes，please. No，I didn't.

T：You are right. Tomorrow，what day is it tomorrow?

S：It's Thursday.

T：Right，so you won't go to school. You won't go to school tomorrow. Will you do your homework tomorrow?

S：Yes，I will.

T：Good Will you go to the park tomorrow?

S：No，I won't.

T：I'm，I'm listening to the weather report. It says tomorrow will be sunny，so will you go to the park tomorrow?

S：Yes，I will.

在这个片段中，教师向学生提了一系列的问题，有的问题多次重复，但看不出信息交流的目的。其实，我们可以看出教师的意图是操练句型。这样的交流就是一种貌似信息交流、实为机械语言操练的活动。在这些活动中，教师创设的语境及提出的问题的确涉及信息交流，但是教师引导学生说出的话语却是无任何真实交际意义的语言，这样的话语既不利于学生理解语言的意义，也不利于他们发展实际语言运用能力。比如，当教师问“Will you go to school tomorrow？”时，学生回答“Yes，I did.”。显然，学生并没有听懂教师问的问题。教师把问题重复一遍时，学生可能意识到自己的回答不正确，所以改为“No，I didn’t.”。从这个表现我们可以推断，学生只是机械地用“Yes，I did.”和“No，I didn’t.”来回答教师的问题，根本不是真正的信息交流。请再看一个教学片段：

T：Hello，children. Do you want to be tall?

SS：Yes!

T：Ok，I say “tall”，you say “tall，tall，tall，make yourself tall”，Let’s begin.

T：Tall.

SS：Tall，tall，tall，make yourself tall.

T：Short.

SS：Short，short，short，make yourself short.

T：Big.

SS：Big，big，big，make your eyes big.

在这个片段的开始，教师向学生提了一个问题：“Do you want to be tall？”，这个问题显然能够激发学生的好奇心和求知欲望，所以学生齐声回答“Yes!”。按照正常的推理，接下来教师可能与学生一起讨论如何长高(提出一些如何长高的建议)，但是教师并没有这样做。为了使学生复习 tall，short，big 等单词，教师与学生做了一个游戏：教师说“tall”，学生说“Tall，tall，tall，make yourself tall.”。如果说“Tall，tall，tall. make yourself tall.”，这句话与“如何长高”还有一丝关联的话，后面的“Short，short，short，make yourself short.”和“Big，big，big，make your eyes big.”与“如何长高”则没有任何关系，而且其中的“Short，short，short，make yourself short.”更是违背常理。再有，“make yourself tall，make yourself short”和“make your eyes big”也不是规范的英语表达法。当然，这里不全是教师的问题，因为有些教材提供的语言素材就是这样的。在英语课堂上合理使用歌谣、游戏确实能够激发学生的学习兴趣，提高学习效果，但是歌谣的内容和游戏中使用的话语最好是有意义的话语，像“Rain，rain，go away. Come again another day”这样的歌谣就是很好的例子。

在课堂上的师生互动中，教师经常设置一些悬念，以激发学生的好奇心和学习兴趣。教师设置悬念时，要考虑学生的生活经验、知识水平和认知能力等因素。这些悬念要能使学生产生信息交流的欲望，要有一定的挑战性。有时教师过低估计学生的知识水平和学生已经掌握的信息，以至于在互动过程中所提的问题没有信息沟，从而使信息交流失去意义。请看下面的片段：

T: Today is a special day, Do you know what festival it is？Mother Day？Father's Day？Teachers' Day？Or Children's Day？Guess，please!

SS：Children's Day/儿童节.(有的学生说 Children's Day，有的说“儿童节”)

T：Look at the screen. Look! It's June 1st. It's Children Day. It's your day. Let's sing the song “Hello. Happy Children's Day” together，OK？

这个片段节选自一位教师在“六一”儿童节这一天上的一节课。教师告诉学生今天是一个特殊的日子，请学生猜一猜是什么节日(设置悬念)，并提供了一些可选项：母亲节、父亲节、教师节和儿童节。几乎全班学生都说出了儿童节(有的说中文，有的说英文)。教师看到几乎全班学生都答对了，很高兴，接下来请学生唱一首关于儿童节的英文歌曲。其实，这个片段中教师设置的悬念并不是很成功。“六一”儿童节临近时，绝大多数学校都会举办一些活动，营造节日的气氛，所以学生能意识到这个节日，不至于在儿童节的当天还不知道是什么节日。所以，这位教师设计这个悬念时可能没有考虑学生的实际情况，或者说是低估了学生的知识与经验。究其原因，主要是教师在设计教学时过于考虑教学活动本身(通过提问激发学生的学习兴趣)，而没有充分考虑学生的实际情况。

第五节　在互动中关注语言形式

在英语课堂上，教师经常设计一些师生互动活动，学生在互动中体验语言的使用，理解语言的意义和用法。互动活动本身的焦点(focus)是意义(即话语的内容)，而非语言形式。但是这并不是说语言形式不重要。相反，语言形式是语言的重要组成部分，语言教学必须关注语言形式。20 世纪 80 年代兴起的关注语言形式的语言教学思想(focus on form)认为，语言教学应首先关注语言的意义，但也要适当关注语言的形式(Doughty&Williams)。其实，设计得合理的互动活动应该既能让学生关注意义，同时又能适度地关注语言形式。比如，有时学生为了表达观点或传递信息，必须使用或关注某些语言形式，而且语言形式的选择直接关系到观点表达或信息传递的准确性。请看下面的教学片段：

T：Just now 1 said I like taking photos. Do you want me take photos for you？

SS：Yes.

T：But I can’t find my camera. Can you tell me？(教师故意把照相机藏起来，让学生猜)

SS：It’s in your bag / on the desk / under the desk ! near the ...

T：Oh，thank you. One two，cheese. Oh，it doesn’t work. Why？There’s no film in the camera？I can’t find my film. Where is it？

SS：It's in your bad / on the desk ! under the desk / near the ...

这个片段中的主要互动活动是教师给学生拍照的过程：教师故意把照相机和胶卷藏起来，让学生说出照相机和胶卷的位置。显然，拍照片是互动的内容，但学生关注的焦点是寻找照相机和胶卷(猜测照相机和胶卷的位置)。那么这个互动活动期望学生注意什么语言形式呢？大多数读者可能注意到，这个互动活动是让学生运用表示方位的介词短语(in your bag / on the desk / under the desk 等)。如果学生要说出照相机和胶卷的正确位置，必须使用相关的介词短语。这样活动的内容焦点与目标语言形式就较好地结合起来了。遗憾的是，这个片段的施教教师的教学目的是教授 camera 和 film 这两个单词。的确，整个互动过程中教师和学生围绕照相机和胶卷进行互动，但学生关注的焦点不是照相机和胶卷本身，而是它们的位置。在整个片段中，camera 只出现了一次，film 也只出现了两次，其他需要用到这两个词的时候都用 it 替代了。从语言运用的角度看，学生对介词短语的关注要远远多于对 camera 和 film 这两个词的关注。所以，如果这个互动活动的目的是学习方位介词，那么关于语言的意义与关注语言的形式就很好地结合起来了。

在互动中关注语言意义的同时关注语言的形式，有利于学生准确理解语言的意义和语言使用的语境，还可以为学生提供语言实践的机会。英语课堂上我们经常看到一些貌似互动、实为脱离语境的、无意义的语言形式操练。这种互动根本无意义可言，注意力完全集中在语言的形式上。由于这种互动完全是脱离语境的操练，学生不仅很难真正理解这些语言形式的意义，而且不知道在什么情况可能会使用这些语言形式。请看下面的片段：

T：Now read after me. I’m talking.

SS：I am talking.

T：You’re not talking.

SS：You are not talking.

T：You are listening to me.

SS：You are listening to me.

T：Jim is writing.

SS：Jim is writing.

T：Lily isn’t writing.

SS：Lily isn’t writing.

T：She’s looking at the blackboard.

SS：She is looking at the blackboard.

T：Open the door please，Lucy.

SS：Open the door please，Lucy.

T：Lily，is she opening the door?

SS：Lily，is she opening the door?

T：Yes，she is.

SS：Yes，she is.

T：Don't close the window，Jim.

SS：Don't close the window，Jim.

T：Is he closing the window，Lily?

SS：Is he closing the window，Lily?

T：No，he isn't.

SS：No，he isn't.

这个貌似互动的活动，其实是教师带着学生反复操练现在进行时和祈使句的肯定形式、否定形式、疑问形式和应答形式的机械操练活动。学生机械地重复教师说的话，而教师说的话也没有恰当的语境。特别是前面的几句话，显得更为滑稽。在这个片段之前的教学中，教师说过“What am I doing? I'm talking.”这样的话，其用意是通过描述自己正在做的动作使学生理解现在进行时态的意义和用法。学生应答时说“You are talking”，而不是“I'm talking.”。应该说这样做有一定的道理，但是在上面的操练环节中，学生跟着教师说“I'm talking. You're not talking. You are listening to me.”就显得很滑稽。我们认为，互动中可以适度关注语言形式，但必须是在关注意义的前提下关注语言形式。以上教学片段是一种完全忽略意义、单一关注语言形式的“假互动”。这样的情况在英语课堂上非常普遍。我们再看一个片段：

T：TV is short for television. Thank you! Excellent I (write on the BB) OK. This time pair work. OK. Make this dialogue，for example，one student says，what's another way of saying：what and one say is，and then imagine. What's another way of saying bike. Answer bicycle. And then says，bike is short for bicycle. OK. Understand，now?

SS：Yes.

T：Pair work. Please be quick. Pair work. OK. Louder.

SS：What's another way of saying bike?

SS：Bicycle — bike is short for bicycle.

T：OK. This time. I want to check — some pairs — volunteers. Volunteers — check some pairs — OK. Volunteer — OK，you two.

S1：What's another way of saying bike?

S2：Bicycle — bike is short for bicycle.

T：Excellent — very good — any more? — OK，you two.

S1：What's another way of saying television?

S2：TV is short for television.

T：That's right. Good. Any more? OK，you two.

S1：What's another way of saying telephone?

S2：Phone — phone is short for telephone.

这是一个以复习、巩固词汇为目的的对子活动(Pair work)。很多教师认为这也是课堂上的互动活动。其实，这个活动不能算是真正的互动。因为互动的主要目的是意义协商或交流信息，而这两点在这个活动中根本没有体现。大部分时间学生在重复“What's another way of saying…”和“…is short for…”这两个句型，而且学生关注的焦点只是词汇的不同形式。当然，我们并不是说学生不需要了解词汇的不同形式。用这种貌似互动的方式复习词汇的不同形式不太符合经济原则，也不是最有效的方法。如果把这些词集中板书在黑板上，引导全班学生共同观察，效果可能更好一些。

现在，很多教师都已经认识到在课堂组织互动活动的意义。所以课堂上我们经常看到教师创设情景，并结合情景进行交流，同时关注语言形式。但是，从我们分析的语料来看，大多数互动活动还是以关注语言形式为主。比如，一位教师让学生在课堂上做一些动作，同时师生以互动的形式共同描述这些动作。然而，从师生的话．语可以看出，互动中教师和学生注意力主要集中在语言形式上。以下是这个教学活动的一个片段：

T：Good，what are you doing？Are you riding a bike，too？

S：No.

T：No，you are making something. You are —

S：Making a plane.

T：Making a plane. What is she doing？What is she doing？

S：She is making a plane.

T：She's making a plane. What is she doing？

S：She is making a plane？

T：Good，very clever. Who can spell making？Who can spell making？That's right.

S：M-a-k-i-n-g.

T：Very good. Making，M-a-k-i-n-g.

这个活动之所以不太符合互动的特点，主要有三点：第一，师生交流基本上不涉及信息沟，话语涉及的内容对参与互动的各方(教师、做动作的学生、其他学生)都是显而易见；第二，大部分话语是重复，包括教师重复学生的话和学生重复教师的话；第三，片段的结尾主要关注单词的拼写。

教师话语缺乏互动性的另外一个表现是，教师与学生之间的交流不是以交流信息为主，而是操练语言形式。表面上看是教师与学生之间的互动，但学生并不是真正表达自己的观点或提供信息，而是机械地应答，有时学生充当了“傀儡”。请看一个片段：

T：OK. Sit down，please. OK，very good. Look at this one — ask and answer. Anybody，can you — please？

SS：It’s +Monday+

T：+what day is it today+. Ask him.

S1：What day is it today？

S2：It’s Monday，

T：Can you spell？

S1：Can you spell？

S2：Yes，M-o-n-d-a-y.

T：What day is it tomorrow？

S3：What day is it tomorrow？

S4：It’s Tuesday.

T：Can you spell？

S3：Can you spell？

S4：T-h-.T-t-t-(laugh)

在这个片段中，一共有四位学生参与了与教师的互动。教师首先出示 Monday 的单词卡片，请学生做问答练习(一个学生提问，另一个学生回答)。这时学生很自然地说出了“It’s Monday.”。如果说是信息交流的话，到这个时候已经达到了目的。但是，教师接着说“What day is it today？”，并让学生 1 重复教师的问题，向学生 2 提问。学生 2 回答之后，教师又说“Can you spell？”，学生 1 重复教师的问题，学生 2 回答。之后，教师说“What day is it tomorrow？”，让学生 3 重复问题并向学生 4 提问。在这个片段中，学生 1 和学生 3 都只是充当了“傀儡”。这样的互动基本上不涉及信息交流，与真实的话语相差甚远。如果是句型操练的话，教师也不必自己把问题说一遍，再让另外一个学生重复。

学习语言首先要了解语言的意义，尤其是在一定的语境中接触语言并理解语言的意义。了解语言的意义之后，再关注语言的形式，有利于学生理解语言形式的使用环境(即在什么情况下使用)，从而提高语言学习的效果。很多教师在新授课时，在学习、讨论所学课文或对话的过程中，穿插词汇和语法的教学，包括呈现词汇、语法的意思和用法，操练词汇和句型，有时还有拼写练习。这些教师的考虑是，如果不解决词汇和语法问题，学生学习对话和课文就会有困难。其实，学习对话和课文时，教师和学生都应该首先关注意义，而且是从整体上把握所学语言材料的意义。如果在这个过程中穿插过多的关注语言形式的学习活动，教学效果就会大打折扣。请看下面的片段：

T：You’ve done your homework very good. And today we are going to learn Lesson Eighty-six：What’s wrong with Tom？(blackboard writing 15s) Now you are going to read something about Tom. It’s very interesting and useful. But first，let’s learn some new words. OK，now the whole class look at the picture — what’s she？Do you know，now？She’s a nurse. Now read after me，she’s a nurse.

SS：She’s a nurse.

T：What's she？

SS：Nurse.

T：Again.

SS：She is a nurse.

T：Now react after me，nurse.

SS：Nurse.

T：Nurse.

SS：Nurse.

T：Spell nurse please.

SS：N-u-r-s-e，nurse.

T：Again.

SS：N-u-r-s-e，nurse.

T：Now what’s she？Now what’s she ——×××，you please —— what’s she？

S：She’s，she’s a nurse.

T：Yes，good. Now what’s she？Who’ll try？×××，you please.

S：She’s a nurse.

T：Yes，good.

在这个片段的开始，教师告诉学生今天要学习第 86 课，要学习关于 Tom 的有关内容，而且告诉学生这一课的内容很有趣、很有用。应该说，这样的课堂导入很自然，也能激发学生的学习兴趣。遗憾的是，教师介绍完学习任务之后，并没有马上让学生去读关于 Tom 的很有趣、很有用的课文，也就是说，没有继续进行以关注意义为主的学习活动，而是要先学习一些新单词，包括单词的意思、读音和拼写，也就是我们说的关于语言形式的教学活动。当然，教学中设计一点悬念，短暂地吊吊学生的胃口，也未尝不可。但是，如果吊胃口的时间过长，学生就没有胃口了。在这个片段，教师教授的第一个单词是 nurse。如果我们把这个片段中教授 nurse 的部分快速地读一遍(包括教师和学生的话语)，大概需要 1 分钟，课堂教学中实际使用的时间可能更长一些。在教授完 nurse 以后，这位教师还教授了 pills、terrible、terribly、seem、temperature、take one's temperature 等词汇和短语，其中有大量的跟读、模仿、重复、拼写等操练活动。结果，词汇和短语教学环节持续了很长的一段时间。这样的教学不仅会使学生失去求知的欲望，而且本身的教学效果也不会很理想，因为学生并不知道这些词语是什么语境中使用的，孤立地学习这些词语的含义不能收到很好的效果。

这个片段中还有几处值得反思。在开始教授 nurse 时，教师说“Look at the picture—what's she？Do you know？”，教师希望学生根据教师所指的图片说出(she's a)nurse，但是未等学生开口，教师就立即说出“She’s a nurse.”，这样教师就剥夺了学生一次很好的学习机会。另外，教师反复使用“What’s she？”这个问句(她做什么工作的？)。其实，现在询问某人的职业时一般说“What does she do？”或“What’s her job？”片段中教师说的“What’s she？”是英语里已经过时的句型，现在基本上不使用了。另外，即使使用这个过时的表达法，也应该说“What is she？”，不能说“What’s she？”。我们以“What’s she”为检索项在英国国家语料库(British National Corpus)进行了检索，未发现一例。后来查阅有关文献得知，如果 is 后面是人称代词，一般不能把 is 与前面的疑问词进行缩合。

第六节　教师在互动中的角色

提起角色，大家可能想到传统教学中的角色扮演。角色扮演是语言教学中的一种常见语言实践活动形式。通常的做法是，由几个学生扮演对话或短剧中的角色朗读对话或表演故事。再就是若干个学生以不同的身份参加小组讨论。不管以什么形式，在角色扮演活动中，学生和教师都要假扮某个角色，而不是以自己的真实身份参与活动。二语习得理论提倡的互动也强调角色问题，但互动活动中的角色与角色扮演中的角色不完全一样。在真实的师生互动活动中。师生一般以自己的真实身份进行互动，而不是以其他人的角色参与互动(当然，如果师生都置身于某个模拟或假设的语境中进行互动，就不是以他们的真实身份进行交流了)。如何才能以真实身份参与互动呢？首先，参与互动的各方所讲的话应尽可能真实，符合自己的实际情况；第二，参与互动的各方在称呼语的使用上要符合真实交际的要求。我们先看一个例子：

T：Yes. Very good. Do you have a blouse，Susan？

S1：Yes，I do.

T：Yes，I do. Good，sit down，please. Pora，do you have a red blouse？

S2：No，I don’t.

T：No，I don’t. Very good. Sit down，please.

这个片段的教学目的是复习 blouse 和 a red blouse。在此之前，教师已经把这两个词语领读了若干遍。在这个片段中，教师希望通过互动式的问答来帮助学生加深对这两个词语的理解，所以教师问一个同学(Susan)“Do you have a blouse，Susan？”，之后又问另一个同学“Do you have a red blouse？”。应该说，教师这样提问是合理的，学生根据自己的实际情况作答，体现了语言的运用(尽管学生回答时没有使用这两个词语)。问题在于：学生回答“Yes，I do.”和“No，I don’t.”时，教师把这两个应答原原本本地重复了一遍。这个片段的教学重点不是句型“Yes，I do.”和“No，I don’t.”如果为了强化这两个句型，教师这样重复还有一定的道理。但是，这里的教学重点是词汇学习。在这种情况下，按照真实交际的规则，教师应该说“Yes，you do.”和“No. you don’t.”而不是“Yes，I do.”和“No，I don’t.”一字之差，反映了教师教学行为背后的教学理念，即仍然以模仿、重复为核心的课堂操练思路，没有把课堂上师生之间的问与答看作是互动式的交流。下面的例子进一步佐证了这种教学理念：

T：Very good. Linda，do you have a pair of trousers？

S：No，I don't.

T：No，I don't. Good. Sit down，please.

教师领读 trousers 和 a pair of trousers 之后，问一个学生：“Linda do you have a pair of trousers？”，Linda 不假思索地回答“No，I don’t.”。首先，教师问的问题就是一个很不合理的问题，她没有理由不知道 Linda 是否有一条裤子。其次，Linda 的回答也是不符合实际情况的，她怎么可能连一条裤子也没有呢？而教师的确认式反馈“No，I don’t.”更是滑稽可笑。从这里可以看出，由于课堂上师生之间的问答已经形成一种机械的、单纯关注语言形式的操练，所以无论是教师提问还是学生回答，都已经完全忽视话语的交际意义。这种做法不仅使学生失去了实际运用语言的机会，而且还可能导致学生养成信口开河的习惯。造成这种现象的原因可能是多方面的，其中一个原因是教师不能正确认识互动中自己的角色。教师没有把自己看做是参与真实交流的一方，而是把自己当作语言操练的陪伴者。在本章第一节我们分析过的一个片段中，学生很自然地使用了正确的代词，使互动中的角色很自然：

T：I do. I do，I have a TV set at my home. OK，good. Now first，my TV set was broken yesterday. So I ask uncle Wang to mend my TV set. Then today I will go to Uncle Wang’s to ...

SS：To get your TV set.

T：To get my +TV set+

SS：+TV set+

在这个片段中，教师说“Today I will go to Uncle Wang’s to…”，教师没有说完的话语是“get my TV set”。学生说的话是“to get your TV set”。这里学生很自然地用了 your，而不是 my。这样一个小的代词变化就使互动更加真实。如果学生说“to get my TV set”，话语的互动性就会大大降低，而且显得不够真实。

真实互动的一个重要特点是不可预测性，参与互动的各方事先不知道彼此要说什么话。虽然课堂上的互动不完全是真实互动，但要鼓励学生尽量根据实际情况进行互动，要鼓励学生表达真实的想法，再现真实的经验。背诵课文或对话和按事先规定的角色朗读都不是真正意义的互动。在互动过程中，教师不能规定学生说什么、怎么说。请看一个教学片段：

T：What do you want to do？Do you want to play？

S：Yes.

T：Basketball.

S：Sorry. I can't.

T：Oh，that doesn't matter. What can you do？Can you swim？

S：Yes，I can.

T：Come here. OK.You can swim. What do you want to do？

S：I wants — I want read a book.

T：Oh. You want to read a book. That must be a very good girl. (肯定是个好孩子) Come here please. Read your book. All right. So，LiLei wants to play football and er —that's — half past four. It's time to go home. Your teacher. Who is your teacher — Miss +Zhou+. No. It's，oh，yes. Yes. Yes. Miss Zhou. Oh. Miss Zhong. Miss Zhong. Yes. That's me. Want to come here. Say — where are the students？Where are they？It's time — to go — home. What — are they — doing？And you can tell me. Says — look，they are there. What are you doing？No，no，no. You are standing. Could you — do what you want — what you want to do？

在这个片段的开始，教师与学生进行了问答式的互动(目的不是很清楚)。之后，教师准备让学生以小组形式进行互动。这时教师说了很长的一段独白，其主要内容是告诉学生做什么、说什么。也就是说，教师对学生互动的形式、内容以及要使用的语言都作了明确的要求和规定，就像编剧给演员设计了所有的台词一样。

在师生互动中，教师有时需要扮演多重角色。教师既是互动的组织者和引导者，也是互动的参与者。在互动过程中，教师还可能需要给学生提供语言知识等方面的帮助。因此，教师需要在互动过程中变换角色。

第六章　英语课堂教学话语的逻辑性研究

无论是组织教学，还是呈现和讲解语言知识，还是与学生一起进行话题讨论，教师的话语都应该具有逻辑性。虽然课堂上教师说的很多话并不是为了实现真实的交际目的，但这并不意味着教师课堂话语不需要讲究逻辑性。这里所说的逻辑性包括话语的逻辑顺序、层次以及话语的连贯性。当然，教师话语的逻辑性与教学活动本身的逻辑性有密切的联系。如果教学活动本身缺乏逻辑性，教师的话语也很可能缺乏逻辑性。反过来，如果教师的话语缺乏逻辑性，也可能导致本来设计得较好的教学活动在实施过程中失去逻辑性和连贯性。需要指出的是，这里所说的缺乏逻辑性，并不是说教师的话语前后矛盾或语无伦次，而是说从教学的角度来看，教师话语缺乏必要的逻辑顺序和逻辑关系。

第一节　课堂话语逻辑性研究概述

课堂话语有特殊的教育目的(pedagogic purposes)。换句话说，课堂上的语言使用与教育目的有密切关系。研究课堂话语的主要目的是考察课堂话语是否有利于实现教育目的。教师和学生都应该根据课堂活动的目的选择语言和使用语言。Walsh 认为，教师课堂话语既可能起到促进学生语言学习的作用(facilitative)，也可能起到妨碍学习的作用(obstructive)。如果课堂话语的使用与课堂教学目的吻合，那么就能为学生创造语言学习的机会，因而起到促进语言学习的作用；如果课堂话语的使用与教学目标存在较大的偏差，就会使学生失去学习的机会，因而起到妨碍语言学习的作用。举一个简单的例子：课堂上教师让一位学生发言。当学生把一句话说到一半的时候有些犹豫，教师帮他说出剩下的一半。其实，这个时候学生并不是完全不知道怎么说，他正在思考。教师帮学生把话说完，实际上剥夺了学生的一次学习机会。

虽然现代外语教学不主张教师直接讲解词汇、语法等语言知识，但词汇和语法的学习目前仍然是英语教学的重要内容，很多教师或多或少地花一定的时间讲解词汇和语法知识。无论以何种方式进行词汇和语法教学，教师话语是必不可少的。教师话语是否使用得当，直接关系到语言知识教学的实际效果。如果教师的话语清楚、有逻辑性而且说话的目的清楚，那么教师话语有利于学生建构知识，反之则不利于学生学习。

前面已经提到过，教师话语的使用要与教学目标相吻合。可以这么说，教师说的每一句话都应该有一定的目的(当然有时连续的几句话的目的是相同的)。教师的话语直接关系到学生的心理认知活动。如果教师的话语是指令性的，学生需要根据教师说的话进行操作；如果教师的话语是解释性的，学生需要根据教师的话语对知识进行释解。在听课的过程中，有时候听到教师说一连串的话，但不清楚教师要做什么，也看不出教师希望学生做什么。这样的教师话语不利于学生建构知识。有一位教师在某地上高中英语观摩课。在第一个教学环节，教师通过笔记本电脑和投影仪给学生展示了一系列当地(教学观摩课的举办城市)具有代表性的图片，如广场、海滩、购物中心等，教师一边展示图片一边请学生说出这些地方的名称。结果大多数只能说汉语，不能说英语。整个教学过程中，学生和观摩的教师不清楚这个教学活动的教学目的是什么。在这个活动即将结束时，教师问学生“It's very easy for me to share my pictures with you. Why？”，学生感到很茫然。这时教师说“Because I'm using a computer.”。原来教师希望通过用电脑展示图片来说明电脑的用处，从而引出有关电脑的话题。显然，描述这些图片的话语对于建构有关电脑的知识是没有多大帮助的。展示和讨论图片与本课关于计算机的话题没有逻辑关联，教学环节之间缺乏逻辑性。

课堂上，我们经常听到一些教师习惯性地说一些话(有时只是一个词)，而不考虑这些话语的目的和结果。比如：很多英语教师在呈现新单词时，往往会出示一张图片，然后根据图片的提示教学生认读词汇。比如教师出示大象的图片，问学生“What's this？”，学生回答后，教师说“Yes，it's an elephant.”。然后教师领读 elephant

若干遍。之后教师习惯性地问学生“How to spell？”，让学生开始拼单词e-l-e-p-h-a-n-t。这句习惯的“How to spell？”经常把学生引向单词拼写的烦恼之中。这里我们要问几个问题：词汇学习首先要掌握词汇的哪些内容？是它的音、形、义，还是音、义、形？或者其他方面的意思和用法？如果教师把这个单词领读两三遍之后马上让学生去拼写，那么目标就是要掌握单词的拼写。这样做就忽视了词汇的其他更重要的方面，比如说词汇的具体意义。其实，学生在学习词汇时，最重要的是建构意义，即理解词汇代表的概念。比如教师在呈现 elephant 这个单词以后，可以向学生展示更多的大象的图片，让学生通过观察不同形状、不同大小的大象来进一步加深对大象这种动物的认识与理解，从而建构关于大象的知识图式。

有时教师教学活动的目的很清楚，但由于话语使用不当，不能达到预设的教学目的。一位教师设计了这样的一个活动：教师通过投影仪向学生展示姚明正在打篮球的图片，同时给学生呈现一个问题“What are yon doing？”。面对这样的图片和问题，大多数学生会产生疑惑：明明是姚明在打篮球，为什么老师却问“你在做什么”呢？如果教师的问题是“What is he(Yao Ming)doing？”，那么学生可以根据图片的提示很自然地说出“He is playing basketball.”，这时学生学习的语法知识是“He is doing…”这个结构。显然，教师提出的问题缺乏逻辑性，不利于学生建构知识。

无论是组织教学，还是呈现和讲解语言知识，还是进行话题讨论，教师的话语都应该具有逻辑性。当然，教师话语的逻辑性与教学活动本身的逻辑性有密切的联系。如果教学活动缺乏逻辑性，教师的话语也很可能缺乏逻辑性；同时，如果教师的话语缺乏逻辑性，也可能导致本来设计得很好的教学活动在实施过程中缺乏逻辑性。这里所说的缺乏逻辑性，并不是说教师的话语前后矛盾或语无伦次，而是说从教学的角度来看，教师话语缺乏必要的逻辑顺序或层次。另外，教师课堂话语要具有连贯性。

第二节　课堂话语的逻辑顺序和层次

为了提高教学过程的逻辑性和层次性，教师应准确把握学生的已知知识和未知知识，并根据学生对知识的熟悉程度设计教学步骤和教师话语，既要确保学生充分激活和利用已知知识，又要使学生接触和学习新的知识。教师应该为学生创造学习的空间(space of learning)，即创造一种学习条件，使学习目标进入学生的视野(即让学生观察到或意识到要学习的新知识)。在这一过程中，教师话语起着关键作用。教师话语不仅引导学生的注意力，而且直接关系到是否能够为学生创造学习的空间。不创造学习空间，或者创造多余的学习空间，或者创造不恰当的学习空间，都不利于实现既定教学目标。请看下面的教学片段：

T：Very good. So much for the revision，Now，let’s learn the first dialogue —It’s Wednesday today. I want to go to the shop，Where is the shop？Look，it’s over there — excuse me？(黑板上有一张商店的图片)

SS：Yes.

T：What is that in English？It's a +shop+

SS：+shop+

T：Yes. It means shop.

SS：(reading aloud) Shop.

T：Shop.

SS：Shop.

在这个片段的开始，教学从复习过渡到新授课。新课里有一个关键的新词 shop。因此，在学习对话之前教师希望先教授 shop。教师对学生说：“It’s Wednesday today. I want to go to the shop. Where is the shop？Look. it’s over there.”，教师说到这里时，用手指向黑板上商店的图片。按照通常的理解，这个时候学生应该已经能够根据教师的话语和她所指向的图片理解 shop 的意思了。可是，接下来教师对学生说“Excuse me，what’s that in English？”并引导学生说出 shop，之后她还告诉学生“Yes，it means shop.”。这个片段反映的主要问题是，教师未能有效地根据学生的认知过程与学生进行互动，导致教学层次上显得混乱，从而缺乏逻辑性。在这个教学环节中，假设 shop 确实是一个生词，而且教师希望教这个生词，她可以直接指着黑板上的图片，问学生“What’s this / that(in English)？”或者教师说“Where is the shop”时不要急于自己给出答案(It’s over there)，而是让学生指认(即为学生创造一个学习空间)。如果学生能够指认正确的图片，就说明学生知道 shop 的意思是“商店”。

课堂教学的环节和过程应该衔接自然、流畅，浑然一体。在这方面，教师话语起着很重要的穿针引线的作用。比如，教师可以通过提问使教学从一个环节自然地过渡到下一个环节，也可以通过前后呼应的提问，使不同教学环节之间建立逻辑联系。但是，如果教、师话语使用不当，则会使教学环节之间缺乏应有的逻辑性。请看下面的例子：

T：... do you know the word weather？

SS：Yes，

T：Weather. For example，what’s the weather like today？

SS：It’s sunny，

T：It’s sunny，the weather，So what does that mean by weather report OK，now listen to the tape and then answer my qustions. What does it mean，weather report？Ready？

SS：Yes.(学生听一段天气预报的录音)

T：That is a +weather report+

SS：Weather report+

T：What is the weather report in Tianjin？

SS：In Tianjin (cloud).

T：Good.

在这个片段的开始，教师问学生是否知道 weather 这个词，学生说知道。之后教师通过提问(For example，what's the weather like today？)确认学生确实理解了 weather 的意思。然后教师通过进一步的追问(so what does that mean by weather report？)引入下面要学习的内容。教师问学生是否知道 weather report 的意思。学生还没有回答(教师似乎认为学生不知道 weather report 的意思)，教师让学生听录音并准备回答问题。教师要学生回答的问题是“What does it mean，weather report？”。我们的推测是，教师希望让学生通过听一段天气预报来体会 weather report 的含义(应该说，此处教师为学生创造了一个较为合理的学习的空间)。听完录音之后，教师说“That is a+weather report+”，学生重复“+weather report+”，之后教师问学生“What is the weather report in Tianiin？”。到这里，教师似乎忘记了前面的问题，即“What does it mean，weather report”，而是问学生天津的天气如何。这时大多数学生没有能够回答教师的问题，而是重复 in Tianjin。为什么会出现这种情况呢？我们的推测是：如果学生听懂了教师在播放录音之前所给的指令(OK，now listen to the tape and then answer my questions. What does it mean，weather report？)，那么学生的注意力将集中在什么是 weather report 上，他们不会去关注天津的天气情况。当然，如果学生没有听懂那段指令就更不会回答了。出现这一情况的主要原因是教师话语使用不当，前后所提问题不一致，导致教学过程显得很不流畅。其实，听完录音后，教师可以说 That is a…weather report. So weather report means…

其实，教师在课堂上经常有意识地设置一些问题，制造一些悬念，就是为学生创造学习的空间。但是，要创造学习的空间，教师必须恰当地使用课堂话语。有时教师创造了学习的空间，但由于前后话语没有保持必要的逻辑性和连贯性，导致不能充分利用已经创造的学习的空间。请看一个教学片段：

T：Well，just now，I've introduced some famous film stars to you. And I hope you can get a general impression about them ... So would you like to know the actors' or actresses' lives？Would you like to know，everybody？

S：Yes.

T：OK. Please take out your reading material and read the passage as quickly as possible，and choose the best title. There are three titles on the screen. The first title is：why wouldn't I like to be a film star？The second one is：are stars' lives perfect as we think？And the third one is：how to be a successful film star？So choose the best title. Two minutes for you.

这是一个阅读教学环节的开始部分。为了引发学生的阅读兴趣，教师提了一个“吊胃口”的问题：“So would you like to know the actors，or actresses，lives？”。教师告诉学生在阅读材料中他们要阅读有关电影明星的生活，问学生是否想了解这些明星的生活。这实际上为学生创造了一个学习的空间。但是，接下来教师让学生快速阅读短文并为短文选择一个标题，而不是从短文中了解明星的生活。这样教师提出“吊胃口”的问题就失去了意义。遗憾的是，在后面教师让学生第二次阅读短文时，仍然没有涉及明星的生活，教师提的两个问题是“How many parts can the whole passage be divided into？”和“What is the topic of each part？”。

在课堂观察中，我们经常看到这样的情况，教师虽然在设计教学过程时考虑到了学生的已知知识和未知知识，但是在教学过程中未及时观察学生对新知识的掌握情况，一味地按预先设计的教学步骤实施教学，导致教学过程层次不清楚，逻辑性不强。通过分析教师的话语，我们可以更加清楚地看到这一问题的根源所在。请看下面的教学片段：

T：Good. Sit down，please. Now，let’s start our new lesson — now. Look — what is this？

SS：It’s a car.

T：Yeah，it’s a car. What colour is it？It’s red. It’s a red car. Now say the new word after me：colour.

SS：Colour.

T：Colour.

SS：Colour，

T：“o” pronounced as：

SS：[V].

T：“our” pronounced as：

SS：[K].

T：Yeah，say after me：colour.

SS：Colour.

T：Colour.

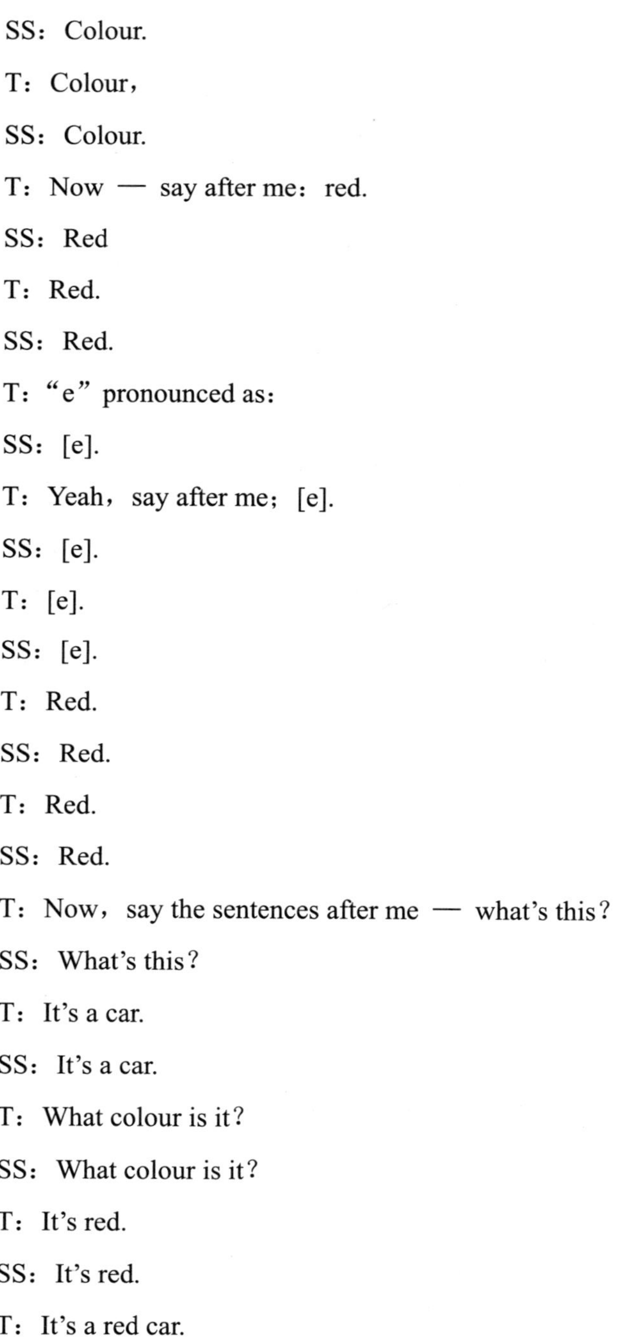

SS：Colour.

T：Colour，

SS：Colour.

T：Now — say after me：red.

SS：Red

T：Red.

SS：Red.

T：“e” pronounced as：

SS：[e].

T：Yeah，say after me；[e].

SS：[e].

T：[e].

SS：[e].

T：Red.

SS：Red.

T：Red.

SS：Red.

T：Now，say the sentences after me — what’s this?

SS：What’s this?

T：It’s a car.

SS：It’s a car.

T：What colour is it?

SS：What colour is it?

T：It’s red.

SS：It’s red.

T：It’s a red car.

SS：It’s a red car.

T：Now say after me again — what's this？

SS：What's this？

T：It's a car

SS：It's a car，

T：What colour is it？

SS：What colour is it？

T：It's red.

SS：It's red.

T：It's a red car.

SS：It's a red car.

T：Now read together. What's this？One，two，begin!

SS：What's this？It's a car. What colour is it？It's red. It's a red car.

T：Good. OK. Now answer my questions. OK，What's this？

SS：It's a ball.

T：What colour is it？

SS：It's red — it's a red ball.

T：Good. Now，make a dialogue like this.

这个片段选自一个新授课环节，教学内容包括句型“what's this？It's a(car).”“What colour is it？It's(red).”，以及生词 colour，red，car，ball。该教学环节涉及的其他生词还有其他颜色词和文具名称。教学的主要方式是提问、问答、领读、重复、模仿等。这种教学方式在小学和初中英语课堂上十分常见。但是，这个片段中的师生互动以及它反映的教学理念值得反思。

根据教师的提问、示范以及对学生的反馈可以看出，教师认为句型“What's this？It's a(car).”“What colour is it？It's (red，).”，以及单词 colour，red，car，ball 对学生都是未知知识。所以，教师初次提问之后(教师领读对话时说的 What's this？不算作教师的提问)，不管学生回答正确与否，教师都要针对这些句型和词汇进行示范、领读，并要学生模仿或重复。其实，在教师向学生提问“What's this？”时，学生已经能作出正确的回答(当然，从语料中我们不能判断是否全部学生都能正确回答)。当教师问“What colour is it？”时，并没有给学生回答的机会，而是直接说出“It’s red. It’s a red car.”，之后教师领读单词 colour，似乎并不关心学生是否知道这个单词的意思，是否知道 What colour is it？这个句型的意思，而是把重点转向 colour 的读音。教师把 colour 领读三遍之后，告诉学生，这个单词中的 o 读[ʌ]的音，our 读[ə]的音。既然学生已经能够正确读出 colour 这个单词，教师还有必要告诉学生其中的元音字母(组合)发什么音吗？之后，教师按此模式示范、领读 red 等词汇和其他句型。从这个片段可以看出，所学内容没有挑战性，教学重点不突出，教师未能把握学生已有知识和未知知识，教学过程缺乏层次感。也就是说，教师未能有效地为学生创造学习的空间。遗憾的是，这个片段所选的那节课，几乎整节课都是这样进行的。

假如学生确实需要反复操练“What’s this？It’s a (car).”“What colour is it？It’s(red).”，以及单词 colour，red，car，ball 等，那么也可以设计一些更有交际意义的互动，比如教师可以出示一些其他物品(包括学生已经学过的或者不太熟悉的)，操练“What’s this？It’s a(car).”“What colour is it？It’s(red).”等句型。如果为了巩固单词 car，可以展示各种小汽车的图片让学生识别，也可以展示一些越野车和吉普车的图片问学生“Is this a car？”(越野车和吉普车不能叫做 car)。

以上片段反映的问题主要是由于教师对学生已知知识与未知知识把握不准确而造成的。与此类似的一种现象是，教师对不同知识的教学(学习)难度把握不准，不能根据学生对新知识的自然认知过程设计教学，从而导致教学过程缺乏逻辑性。比如，如果要在同一教学环节中学习 orange 表示“橘黄色(的)”和“橘子”的两种意思，那么应该先通过实物或图片学习表示“橘子”的意思，然后再学习表示“橘黄色(的)”的意思。但是，在下面的片段中，教师的做法正好相反：

T：(教师出示橘黄色小汽车图片)What colour is it？it’s orange. It’s an orange car. Say after me：orange.

SS：Orange.

T：Orange.

SS：Orange.

T：Orange.

SS：Orange.

T：Orange.

SS：Orange.

T：Yeah. OK. Now say after me. What colour is it?

SS：What colour is it?

T：It’s orange.

SS：It’s orange.

T：It’s an orange car.

SS：It’s an orange car.

T：OK. Now — answer my questions — what’s this?

SS：It’s a coat.

T：What colour is it?

SS：It's orange — it’s an orange coat.

T：Say after me. What colour is it?

SS：What colour is it?

T：It’s orange.

SS：It’s orange.

T：It’s an orange coat.

SS：It’s an orange coat.

T：Now — what colour is an orange?

SS：It’s orange.

T：Yeah. It’s orange — an +orange+ is +orange+ — now，say the sentences after me — say after me. What colour is an orange?

SS：+orange+

SS：+orange+

SS：What colour is an orange?

T：It’s orange.

SS：It’s orange.

T：An orange is orange.

SS：An orange is orange.

T：Say after me again. What colour is an orange？

SS：What colour is an orange？

T：It’s orange.

SS：It’s orange.

T：An orange is orange.

SS：An orange is orange.

T：OK. Now，read together. What colour is an orange？One，two，begin！

SS：What colour is an orange？It's orange. An orange is orange.

T：Yeah.好了，这个句子出现了两个 orange. 第一个 orange 是什么？

SS：名词。

T：第二个 orange 是什么词呢？

SS：形容词。

T：Yeah. 就是说 orange 既可以作名词也可以作形容词。

这个片段是一个词汇教学环节的一部分，主要是教授 orange 表示“橘黄色(的)”和“橘子”这两个意思。如果读者一口气把这个片段读完，一定感到很枯燥。表面上看，学生与教师配合得很好。其实这个片段的教学效率是不高的，而且教学过程也缺乏逻辑性。在片段的开始，教师出示橘黄色小汽车图片，并问学生“What colour is it？”，学生已经能够正确回答，说明学生已经知道 orange 在这个句子中是“橘黄色”的意思。后面的跟读单词和替换练习充其量是操练这个单词的读音，而无其他意义。在这个片段的中间，教师问学生“What colour is an orange？”，并希望通过这个问题引出 orange 表示“橘子”的意思。问题是：如果学生已经知道 orange 表示“橘子”的意思，那么这个问题是多余的。如果学生不知道，那么学生则不能回答这个问题。但是，学生立即回答“It’s orange.”。显然，教师对学生的已有知识估计得不准确，以至于教师在片段结尾用中文总结 orange 的两个意思时，已经显得多余。

那么如何有效地教授 orange 这个词呢？假定 orange 这个词对学生是个完全陌生的词，教师可以先向学生出示一个橘子(或橙子)，问学生 What's this？通过实物教授 orange 作为名词表示“橘子”“橙子”的意思。然后教师问学生橘子是什么颜色，如果学生回答正确那就不必再教了；如果学生不知道，教师可以告诉他们，橘黄色就是根据橘子的颜色来命名的，所以 orange 既可作名词，表示“橘子”，也可作形容词表示“橘黄色”。之后教师可以让学生再说一些生活中常见的橘黄色的物品，或者教室里现有的橘黄色的物品，或学生自己的橘黄色的文具等(如 My pencil-box is orange．This crayon is orange．)，以加深对这个单词的印象，同时练习单词的读音，而不是一味地做跟读、重复练习和替换练习。

导致教师课堂话语缺乏逻辑性和层次性的因素很多。有时教师前后话语缺乏必要的关联性，导致前后话语失去逻辑性。教师与学生互动时，有时需要从关注意义暂时转移到关注语言形式。但是，如果教师不能及时地返回到关注意义，可能导致教师话语乃至整个教学过程失去必要的逻辑性。

导致教师课堂话语缺乏逻辑性的另外一个原因，是教师说的话与客观事实不符合。比如，一位教师为了借助实物来讲解形容词比较级与最高级的用法，她使用了一套俄罗斯套娃(3 个大小不一的木娃娃)。这位教师首先出示一个小套娃，并说“This one is big”(教师之所以拿这一个小的套娃说“This one is big”，主要是为了为后面出示另外两个套娃时说“This one is bigger and this one is the biggest”作铺垫)。应该说，教师的这种教学思路是值得肯定的，但教师说的第一句话与她出示的实物并不符合，她明明拿着一个小套娃，却说它是一个大套娃，这相当于睁着眼睛说瞎话。还有一位教师，也是为了教授形容词的比较级，他从课堂上随便找一个同学站到前面，说“He is tall．”，本来个子不高的一位同学，教师非要说“He is tall.”，然后再找一个比他更高一点的同学，说“This boy is taller.”，最后找一个最高的同学，说“This boy is the tallest．”。其实，当我们说某人个子高的时候，他(她)应该是相对其他人来说个子要高一些。把一个身材不高的人说成 tall 是不合理的。

第三节　课堂话语的连贯性研究

话语的连贯性是指话语的各个组成部分(如小句、段落)在语义、语用等方面存在一定的逻辑关系并且保持清晰的话语组织结构。话语的连贯性的重要表现是，“语篇(话语)的局部及整体必须保持话题的延续性；语篇成分之间必须有某种逻辑—语义／语用关系”。如果在谈论某个话题的过程中插入其他话题的内容，话语就会显得欠连贯；如果话语中某些成分之间缺乏必要的逻辑关系，话语也会缺乏连贯性。请看一位教师在上课伊始的一段开场白：

T：OK. Hello，everybody，how are you today？Good？How are you today？OK it's good. It's nice to have you here with me in this class，I hope you will enjoy the class and you will become more intelligent. Are you an intelligent person？Do you think you are an intelligent person？What about this boy，do you think you are intelligent？

在这段开场白中，教师首先问候学生，并表示希望学生喜欢今天上的这一节观摩课。但是，紧接着教师说希望学生通过这节课变得更加聪明，并问学生他们是不是聪明的人。显然，这位教师说的 I hope...you will become more intelligent. Are you an intelligent person？显得很唐突，实际上就是缺乏连贯性。因为“变得更加聪明”与前面说的“喜欢这节课”(enjoy the class)并没有必然的逻辑关系，而且教师也未说明为什么学生通过上这节课能够变得更加聪明。学生听到这样的话的时候一定会感到莫名其妙。那么教师为什么这样说呢？原因是本课的话题是关于思维和记忆。教师为了引入本课的话题，牵强地在开场白里引出关于 intelligence 的话题，并顺着这个话题向学生提问。

在上面的例子中，教师出于特别的目的在与学生的互动中插入了不太连贯的话语。有时，教师与学生互动中，也会无意中插入一些欠连贯的话语。请看一个教学片段：

T：OK，right，um，another question，urn，do you find，I mean to put into your personal experiences，do you find computers are very helpful or beneficial to your life， your study and your work，etc ？You，please.

S：I think may be right. I think computer give us many，many good，um，it's good for us. Usually we can do it for study，and we can relax us by playing games.

T：Thank you for your answer. Good. I agree with you. I usually do online teaching OK. And anyone else？Please.

在这个片段中，教师请学生说一说电脑在学习、生活和工作中有哪些积极的作用。学生回答完毕之后，教师作了简短的回应(Thank you for your answer. Good. I agree with you)。紧接着教师说了一句话“I usually do online teaching. ”。我们的推测是，学生发表自己的观点之后，教师不希望仅仅作一个简短的评论，而希望也说说自己在工作中如何利用电脑。但是，教师只是说自己经常进行网络教学，并没有说出电脑的积极作用。而且，由于教师说的速度比较快，基本上是一带而过，所以，这句话插在这里显得缺乏连贯性。

教师在课堂上提问时，有时学生不能正确理解问题，或者不能立即回答问题，教师往往会重复问题，或者提出其他相关问题，以便启发学生思维。但是，由于课堂上教师经常即兴提问，如果考虑欠佳，有时会提出不恰当、不连贯的问题。请看下面的教学片段：

T：So next one. I want someone to read out the sentence. The girl，please.

S1：Addiction is also a problem with more and more young people.

T：Thank you. Do you know the meaning of addiction？Do you have addiction problems？Anyone？Thank you. You，please. What does addiction mean？

S2：It means a kind of，um，I think it’s a Rind of disease.

在这个片段中，教师首先让一个学生读出屏幕上显示的一个句子，然后问全班学生是否知道句子中的单词 addiction 的含义。学生没有立即回答，这时教师接着又问了一个问题：“Do you have addiction problems？”。显然，教师问的第二个问题不仅对回答第一个问题没有任何帮助，而且属于另一个问题。如果学生不知道 addiction 的含义，那么自然也不能理解教师问的第二个问题。另外，教师连续问了两个问题之后，继续请学生回答。那么学生究竟应该回答哪个问题呢？好在教师指定一个学生回答时，又把第一个问题重复了一遍。以上例子说明，教师在课堂提问时，要考虑所提问题的连贯性和逻辑性，不能随意提问。

以上分析的几个欠连贯的例子都是局部的问题，如果学生对这些话语不太在意，也不会给教学过程带来多大的影响。在分析语料的过程中，我们还发现了一些更为严重的问题。由于教师在与学生的互动中插入了不相关的内容，导致教学转移重点，影响了教学活动的顺利进行。请看一个教学片段：

T：Good! Thank you. All right，do you use computers at home？Do you？Yes. What do you use it for？Yes. Go ahead.

S1：Uh，we can chat with friends，and download some good movies.

T：Umm. You like chatting with friends. Right. What do you do with computer？

S2：Shoopping online.

T：Shopping online？I never try that. Yes，great！ Yeah what about you people？Yes.

S3：I usually，usually download the music.

T：Download music. Is it free？Do you pay for it？

S3：No，no，no. So I can save my money.

T：Oh. Right.

S4：To buy a lot of good books I like.

T：All right. Good. Yes.

SS：We can get information from the computer.

T：Oh，good! You're a good student. Ah，yeah，getting information. What about you people？You use computer at home？

S6：I often download songs and get information about study sometimes.

T：Really？You use it for your studies. That's great! Hum，this is what we should do with our computers，right？I use computers as well. Well，I use computers at school or at home，You know，to tell you a secret，I read my horoscope every day. It’s a hobby. And it’s also an addiction. You don't know horoscope？It tells me what my luck will be tomorrow，what will happen and all that. Yhat，what is it？Like foretelling my future happening.

S7：Uh，maybe，

T：Why，just in Chinese.

S7：Uh，

T：Try it in Chinese. It's OK.

S7：Pardon，please？

T: Uh, I read my horoscope. It tells me what will happen tomorrow to me, or what colour should be the best colour for me tomorrow. What？Right! Louder, louder, that's it! Louder，louder...

S7：老师，是不是星座？

T：Right. OK. Uh.

S7：Sorry，how to say in English？

T：Horoscope. OK？It is in computer. Computer is the greatest invention in the 20th century，right？We use computers every day. Now if you have to use one word to describe computer，what do you think of right away？One word only. Computer，or computers，are —？Louder.

在这个教学环节中，教师引导学生说出他们平时学习和生活中如何利用电脑。应该说，师生互动得比较顺利，达到了既定的教学目的。第六个学生回答之后，教师自己也说了说她是如何利用电脑的(I use computers as well．Well，I use computers at school or at home．)。然后，教师似乎灵机一动，要告诉学生一个秘密，即她每天在电脑(应该是网络)上查看星座。教师还问学生是否知道什么是horoscope。显然，这个词对学生来说是一个完全陌生的单词。学生不能回答，教师不得不再次解释，最后学生说出了“星座”的意思。经过 5 个话轮的“弯路”之后，教师和学生又回到关于电脑的用处的话题。教师在这个教学环节中插入有关星座话题的内容，而且导致师生交流出现困难，课堂话语显得不够连贯。

教师在课堂上与学生进行互动时，可以充分利用课堂上的动态生成资源，而不必拘泥于既定的教学设计。但是，师生互动也不能“跑题”太远。请看一个教学片段：

S1：I think computers in the future can be more smaller，quicker，comfortable，intelligent and widely.

T：Uhhmm.

S2：And the computers can improve our lives more quickly and we can use computers to shop or study on the internet，and it can make us，uh，make our life convenient.

T：Uhhmm.

S3：And maybe the smaller computers can replace，maybe many things in our lives now can replace，replace by the smaller computers.

T：Uhhm. Oh，it will become smaller!

S4：Yes. Maybe the ID，maybe the money，maybe some other things can replace by it.

T：Ubhmm，OK. Good! Good! Yeah，they have some very strange ideas. Let's listen to theirs. How about this？Yes.

S5：We also think the computer will be more small，smaller. And we can take it with us wherever we go. It can be a decoration of our life. And we also think the computer will be the king of the world in the future and the whole human being under their power，I mean the politician power will be got by computers. That's all.

T：Humm，humm，OK，well，now this is a sad thing if it happened，if it happened. Well，we all expect that our future life will be more beautiful，wonderful and greater with —— what？Greater computers，right？But that will be a sad thing. So what should we do？How to prevent from computer taking over humans？How to do that？This is also how，what we can correctly and positively and creatively use computers. What suggestions do you have？Yes. Oh，wait a while，wait a while. I want you to answer my question first before you report it. I know you are eager to show it out， right?

SS：Yes.

T：OK. Well，anyway，but how do you think we can solve the problem preventing computers from taking over humans?

SS：OK. Firstly，I think we should use computers properly

这个教学环节的主要目的是讨论将来的电脑可能发生哪些变化，将来的电脑可以为我们做哪些事情。第五个学生在介绍未来电脑可能发生哪些变化时顺便提到，电脑可能控制人类(And we also think the computer will be the king of the world in the future and the whole human being under their power，I mean the politician power will be got by computers．)。这时，教师似乎对此很感兴趣，发表了自己的看法(this is a sad thing if it happened)，而且重复了好几遍。但是，教师并未就此罢休，而是要学生提出防止这种可能性发生的建议(so what should we do？How to prevent from computer taking over humans？)。接下来的讨论不是电脑可能发生哪些变化，而是如何防止电脑控制人类。这显然“跑题”太远。其实教师自己也意识到话题与该活动的主要目的并不密切，而且她也意识到学生希望汇报他们小组讨论的结果，但教师仍然坚持要求学生先回答“如何防止电脑控制人类”这个问题(I want you to answer my question first before you report it. I know you are eager to show it out，right？)。

第七章　英语课堂教学话语的规范性研究

任何一门学科的课堂教学都要讲究教师课堂语言的规范性。规范性主要包括正确、清楚、简练、有条理等方面。学生对知识的掌握情况与课堂上教师的语言表述的清晰程度有关系。英语教师课堂话语除了作为教学的工具语言以外，还是学生重要的语言输入。如果教师的话语不规范，势必影响教学的效果，同时还可能误导学生。其实，教师课堂话语的规范性应该引起研究者和一线教师的高度重视。其中的道理很简单。虽然研究教师课堂话语的规范性并不一定能够提高英语教师的整体英语水平，但它能够发现英语教师课堂话语中具有代表性的不规范现象。另外，有相当多的教师不能意识到自己课堂话语中的不规范现象。

当然，我们也意识到，要求所有英语教师做到课堂话语完全正确是不现实的。另外，课堂话语的规范性本身也很难进行明确的界定。比如，有的学者认为口语化的语言是课堂话语的重要特征，但有的学者认为口语化的语言是不规范的课堂话语。这里我们不去纠缠那些有争议的问题。有三点是非常明确的：①教师话语应该尽可能正确；②教师话语应力求准确；③教师话语应该尽可能得体。

第一节　课堂话语规范性研究概述

作为教学媒介语言，英语课堂上教师讲的话语(英语)在很多方面具有鲜明的特征。它除了具有一般教师课堂话语(非语言学科的教师课堂话语，如历史课堂上的教师话语)的普遍特征以外，还有其他特征。比如，由于英语不是我们的母语，大多数英语教师使用英语时，或多或少存在语言使用得不够准确的问题。或者由于教师对英语语言所包含的社会、文化背景因素了解得不够，导致教师在使用英语的过程中出现使用不当的现象。比如，课堂上教师对学生说的“Good morning，students.”以及学生说的“Good morning，teacher.”都是不规范的英语。由于学生的理解力有限，教师有可能简化语言。因此，英语教师课堂话语的规范性是一个关注的问题。

英语教师在课堂上使用的英语应该清楚、准确，而且要符合学生的实际英语水平，以确保学生能够正确理解教师所讲的内容(包括知识的讲解和组织课堂的语言)。作为学生的语言输入，英语教师课堂上使用的英语应该值得学生学习和效仿。课堂上教师使用规范的语言的重要性在此不必赘述。但是，关于究竟什么样的语言是规范的，恐怕还存在模糊的认识。

一、规范的语言并不是指标准的英国英语或美国英语

规范的语言应该是指大多数讲英语的人士所讲的英语。规范性就是指符合大多数讲英语的人士的习惯。我们之所以说“Good morning，students.”和“Good morning，teacher.”不是规范的语言，是因为在英语国家人们不这样说(即不能当面把学生和教师分别称呼为 students 和 teacher)。

二、规范的语言并不一定是句子结构完整的语言

受传统语文教育思想的影响，一些教师以为课堂上教师和学生说话时都应该使用完整的句子，这样才能保证话语的规范性。其实，自然交流中很多话语都不是句子结构完整的话语，话语中有大量的省略、替代等现象，但这些话语是规范的。有的教师在课堂上不仅自己一味地使用完整的句子，而且通常要求学生把句子说完整。请看下面的片段：

T：How often do you go to the McDonald's？

S：Never.

T：How often do you go to the McDonald's？

S：Never，

T：Never？So you say “I never ...”

S：I never go to the McDonald’s.

T：Good.

这位教师问一位学生多久去一次麦当劳，学生很流利地说 Never。教师没有得到期待的回答，把问题重复了一遍。学生不理解教师的意图，所以仍然说 Never。这时教师开始引导学生说出完整的句子“I never go to the McDonald’s.”。其实，一味地使用完整的句子反而会使话语显得不自然。比如：

S1：Tom，let’s go to the cinema.

S2：Great. How do we go there？

S1：Let’s go to the cinema by bike.

这是教师给学生提供的示范性对话，教师领读几遍之后学生模仿对话进行操练。总体来看这个对话比较真实、自然，问题在于第三句“Let’s go to the cinema by bike.”，自然的话语通常需要合理使用省略、替代等话语衔接手段。上例中的 S2 就合理地使用了 go there 来替代 go to the cinema，这样使话语显得自然、简练而且连贯。但是第三句却又重复使用 go to the cinema，其实这时学生完全可以说“Let’s go(there)by bike.”。

三、符合语法规则的语言不一定是规范的

英语课堂上我们经常看到一些教师举例时说的句子符合语法规则，但不符合语言运用的规则。一位教师为了引入 competition 等词汇，讲述了刘翔在雅典奥运会成功夺冠的经历，之后教师说了这样一句话：“Now Liu Xiang is one of the most popular athletes in China as well as in the world.”。英语中的 as well as 用来连接两个名词、形容词、副词(短语)时，其意思是强调第一个名词、形容词或副词，而不是第二个。比如，“Aging is determined bv social as well as physical factors”的意思是“老龄化不仅受身体因素影响，而且受社会因素影响”。据此，前面那位教师的例句的意思就是“现在刘翔不仅是世界上最受欢迎的运动员，而且是中国最受欢迎的运动员”。这显然是不符合逻辑的。

上面提到的这位教师还说了另外一句话：“I hope everyone could learn Liu

Xiang's spirit of bearing hardships and winning honour for our country one day.”，如果这位教师想表达“我希望大家学习刘翔克服困难、为国争光的精神”的意思，那么句末的 one day 就是多余的。不能说希望大家将来(有一天)学习刘翔的精神。如果这位教师想表达“我希望大家学习刘翔克服困难的精神，将来为国争光”的意思，那么正确的说法是“I hope everyone could learn Liu Xiang's spirit of bearing hardships and win honour for our country one day.”。(句中的 win 与 learn 并列)

一位教师在黑板上贴了一张哈利•波特的电影海报，问学生“Do you know the boy？”，学生齐声回答“Yes，he is Harry Potter.”。大家都知道“Do you know the boy？”是一个完全符合语法规则的句子，但它的意思是“你们认识这个男孩吗？”哈利•波特是小说中的人物，学生是不可能认识的。其实，这位教师希望问的问题是“你们知道这个男孩是谁吗？”正确的英语是“Do you know who is this boy？”。(有人认为应该是“Do you know who this boy is？”，其实两种说法都可以接受。)

四、语言的规范性不是一成不变的

在过去被认为是规范的语言，现在可能不再使用了；而过去被认为是不规范的语言，现在可能被认为是规范的了。像“Long time no see.”这样的中文式英语现在已经被广泛接受。

这里我们讨论英语教师课堂话语的规范性，并不是说教师在课堂上讲话时不能出现任何语言错误，如单复数错误、时态错误。有些错误是由于说话时注意力不够集中而出现的失误，这类错误教师自己往往能意识到，有时能立即纠正。这类错误对学生不会有太大的影响。我们关注的是教师说话时使用不当的语言(包括讲解性语言、指令语和举例时使用的语言)，特别是容易误导学生的话语。

第二节　课堂话语的正确性研究

教师话语应力求规范、正确。当然，我们并不是说课堂上教师应完全杜绝一些小的语法错误，如单复数错误、单数第三人称错误、动词时态错误等。作为非英语本族语者，中国的英语教师出现这些错误都是难免的，而且这些错误对学生一般不会造成负面影响。但是，有些语言使用方面的错误，则应该尽量避免，否则可能误导学生。在分析语料的过程中，我们发现教师课堂话语中存在相当多的明显的语言错误。请看下面的例子：

T：(教师头戴草帽，背着一个箩筐) Hello，I'm a farmer. I have a big farm. There're many vegetables on my farm. Today，I've taken them here. Look. What's this？(教师出示一个西红柿)

在这段话中，教师不仅创设了一个语境，而且把自己打扮成与语境吻合的人物形象(头戴草帽、背着箩筐的农夫)。教师话语与创设的语境也比较吻合，但是教师说的"I've taken them here"存在明显的语言错误。正确的说法应该是"I've brought(some of)them here."。英语中的 take 和 bring 是学生经常混淆的两个动词，不少英语教师还经常专门讲解这两个词的区别(简单地讲，take 的意思是"带去"，bring 的意思是"带来")，但是如果教师自己在语言运用中出现这样的错误，无疑会误导学生。如果学生意识到了教师讲解的知识与教师实际语言运用之间存在矛盾，那么显然不利于他们建构正确的语言知识。请再看一个例子：

T：Good. Come back to your seat. OK，now again. Who want to try？Who want to try — [好，×××] OK. Now，the whole class look. This is a picture of a pencil. Now ×××，guess what colour is it？

在上面的片段中，教师请一位同学到教室的前面完成了一项活动，教师让她回到座位上去。教师应该说"Go back to your seat"，但是她说的却是"Come back to your seat"，而且这位教师在后面的教学活动中又使用了若干次。初学英语者经常混淆 come 和 go 的意思及用法。即使教师反复讲解这两个词的区别，有的学生还是经常混淆。如果教师在自己的课堂上讲话还出现这样的错误，无疑会对学生产生消极影响。类似的情况还有很多，比如：

T：Now he should stop doing hard work means he +had+

SS：+had+ better stop doing hard work.

T：Again.

SS：He had better stop doing hard work.

这个片段中，教师希望用 had better stop doing 来解释 should stop doing 的意思。其实，should 和 had better 在意义和用法上有很大差别(在非正式场合二者可能区别不大)，而中国学生往往很难真正理解和体会二者的差别。这位教师在讲解中直接把二者等同起来，其消极影响可想而知了。中国学生在表示情态时，过多地使用 must，should 等命令式的情态动词，不善于使用 would like 和 had better 等更加婉转的表达法。这恐怕与平时的课堂教学不无关系。这类错误在文献里称为“教学不当导致的错误”(teaching-induced errors)。这些错误不是由于母语的干扰造成的，也不是因为知识掌握不熟练造成的，而是由于教学不当造成的。导致这类错误的原因之一是，教师提供的语言素材不符合语言使用的实际情况。这不仅不利于学生掌握正确的知识，而且使学生形成错误的概念。以下是一个例子：

T：Tomorrow is Saturday. What arc the Friendlies going to do？Listen! (教师假扮5个福娃读下面的句子)

Beibei：I am going to swim. I will swim.

Jingjing：I am going to run. I will run.

Huanhuan：I am going to play football. I will play football.

Yingying：I am going to play ping-pone. I will play ping-pong.

Nini：I am going to play badminton. I will play badminton.

T：I am going to fly a kite with my son. I will fly a kite. What about you？What will you do？

在这个片段中，教师让学生听5个福娃分别陈述她们明天将要做的事情(游泳、跑步、踢足球、打乒乓球、打羽毛球)，目的是让学生感受一般将来时态的用法。为了使学生体会和理解 be going to do 这个结构的意义和用法，教师还特意同时使用了 be going to do 和 will do 这两种句型。事实上，教师所给的这些例句不仅不利于学生正确理解 be going to do 的真正意义，而且还会误导学生。大家知道，be going to do 和 will do 的意义有很大的区别，很多中学生和大学生对这两个表达法的用法经常混淆(或者说根本没有弄清楚)。不少英语教师还专门花时间讲解二者的区别。但是，上面这位教师所举的例子似乎告诉学生，be going to do 等同于 will do，这对学生的误导是显而易见的。

现代外语教学提倡和鼓励英语教师在课堂上尽量使用英语进行教学。一些教师不仅在组织教学活动时使用英语，而且在解释语法、词汇等教学环节中也尽量使用英语。这种努力是值得肯定的，这样做可以增加学生的语言输入量。但是，我们发现一些教师在用英语解释词汇的意义和语法结构的用法时，存在严重的语言错误。请看一个片段：

T：... Now look at these pictures. There is something wrong with the young man's head. So we say ...

SS：He has a headache.

T：Again.

SS：He has a headache.

在这个片段中，教师为了让学生复习 headache 这个词，让学生看一幅图片，图片显示一个年轻人头疼的样子，教师对学生说"There is something wrong with the young man's head"，她希望给学生一些提示，使学生能够回忆起 headache 这个词。学生也确实说出了 headache。但是，教师的提示语言存在明显的不妥之处。大家知道，头痛是有某些疾病(如感冒)引起的不适，而不是头(部)出现了什么问题。所以用"There is something wrong with the young man's head"来提示或解释 headache 的意思是不妥当的。如果真的是"there is something wrong with the head"，其意思应该是脑(部)出现了问题，如脑损伤。这位教师在后面复习 backache，earache，toothache，stomachache 等词汇时都使用了同样的说法。显然，这种错误不是由于疏忽造成的失误，而是"系统的"错误。另外一位教师在解释 headache 时，也有类似的问题：

T：Let's begin our new lesson. Now you know we think with our heads. We see with our eyes. We hear with our ears. But today I don't feel very well. I didn't sleep well yesterday. Oh my head hurts，my head hurts. I've got a headache，Now pay attention to I've got a headache. Oh，now please read after me：headache.

SS：Headache.

在这个片段中，教师用“my head hurts”来向学生提示 headache 的意思。“my head hurts”这个说法不是很规范，但勉强说得过去。朗文、柯林斯等英语词典对 headache 的解释都是 a pain in your head。其实，如果教师不能用浅显、准确的英语解释单词的意思，不妨直接使用母语。对于初学英语的学生，有些抽象的概念用母语解释比用英语解释更清楚、更有效。

有的教师对一些英语表达法的意义和用法把握不准，或者是对形式上相近但意义有区别的表达法含混不清，在使用英语时出现错误。请看下面的片段：

T：Look at this — look at that girl. This is Kate and this is her mother. Kate lies in bed. Oh，what's wrong with her？What's wrong with her？What's the trouble with her？Now here please pay attention to the word“trouble”. Now read after me：trouble.

SS：Trouble.

T：Trouble.

SS：Trouble.

T：Trouble.

SS：Trouble.

在这个片段中，教师让学生看一幅图片。图片中的 Kate 大概是生病躺在床上，她的妈妈站在旁边。教师希望通过“What's wrong with her？”“What's the trouble with her？”等问题来引导学生说出“She is sick”或“She has a headache”之类的话。但是，“What's wrong with her？”和“What's the trouble with her？”都不表示生病的意思。我们检索英国国家语料库(British National Corpus)时，找不到“what's wrong with”和“what's the trouble with”表示某人生病的例子。在过去，询问某人哪儿不舒服时，确实可以说“What's wrong？”或“What's the matter？”，但是不能说“What's wrong with you？”或“What's the trouble with you？”。我们在英国国家语料库中以“trouble with you”为检索词进行检索时，未找到含有“what's the trouble with you”的句子。以下是该语料库提供的部分

例子：

The trouble with you is，he said，that you've grown fat in your little cocoon here in London.

The trouble with you is that you haven't met enough murderers.

Trouble with you Pangloss， is you've been around too long.

That's the trouble with Dad—； you just don't understand my generation!

The trouble with you， said Clelia， is that you don't appreciate the distinction between the decorative and the creative arts.

The trouble with you，Katherine Jardine，is that you look too good in anything and everything.

From the moment they told me that you were a breech baby I knew I'd have trouble with you.

You forget everything important， that's the touble with you.

从以上的例子可以看出，“the trouble with you”的主要意思是“你有什么问题”或“你的问题是……”，一般不表示某人身体不适。另外一位教师在教授类似的内容时，出现了同样的问题。请看下面的片段：

T：Yes，good. Now，what's the matter？ You can say what's wrong，what's wrong. Ah， what's the matter means what's wrong. What's the matter with you means what's wrong with you — and I don't feel very well means I feel ...

SS： Terrible.

T： Yes， good. You'd better take some medicine. Had better means ...

SS： Should.

T： Yes， good. Take some medicine means ...

SS： Have some medicine.

在这个片段中，教师首先告诉学生“what's the matter”等同于“what's wrong”，这两个表达法都可以表示“你怎么了”(哪儿不舒服)的意思。但是，教师觉得这还不够，她继续告诉学生“what's the matter with you”也等同于“what's wrong with you”，都可以用来询问某人身体有什么不适。其实，教师的这种解释是不合理的。第一，“what’s the matter with you？”不同于“what’s wrong with you？”第二，这两句话都不能用来询问某人生病的情况。

很多英语教师在英语课堂上不仅讲解单词在所学课文中的意思，而且还顺带讲解这些单词的其他意思，并进行举例说明。一位教师在讲解课文时遇到了 stand for 这个短语。在课文中这个短语的意思是“代表”“象征”。讲完这个意义和用法之后，教师接着说：“stand for” also means “to bear”，并给出以下两个例句：

The weather here is ratter hot，and I can’t stand for it at all.

The teacher can’t stand for bad behaviour in class.

根据几种权威英语词典，stand for 的意思是“代表”、“象征”、“主张(观点)”，没有表示“容忍”(bear)的意思。所以“I can’t stand for it(hot weather)”的说法是完全错误的。经查阅几种权威英语词典得知，stand for 可以表示“接受(观点、行为)”的意思，一般用于否定句。*Cambridge Advanced Learner's Dictionary* 是这样解释的：“If you will not stand for something. you will not accept a situation Or a particular type of behaviour：I wouldn’t stand for that sort of behaviour from him，if I were you.”。因此，上面这位教师的例句“The teacher can’t stand for bad behaviour in class”还说得过去，但其含义并不是“教师不能容忍课堂上的不良行为”，而应该是“教师不能接受不良行为”。

英语课堂上，教师经常需要进行语言示范。既然是示范，那么所用的语言就应该力求正确、规范。但是，有时教师由于缺乏对英语语言的深刻理解而不能正确使用。请看一个片段：

T：Hello. Mary.

S：Hello. Sally.

T：How are you？

S：Fine. Thank you，and you？

T：I’m fine too. Who is she？

S：She is try friend，Lily.

T：Oh，are you her friend？

S：Yes，there she is.

这个片段的背景是这样的：上课伊始，教师与前排的一位同学(Mary)互致问候。问候完毕，教师问 Mary，她旁边的那位同学是谁。 Mary 告诉教师，这位同学是她的朋友，名叫 Lily。按照英语使用的习惯，在这个语境中，如果教师希望 Mary 介绍她身边的另一位同学，她应该说“Who is this？”而不能说“Who is she？”。同样，Mary 回答时，也不能说“She is my friend”，而应该说“This is my friend，Lily.”。即使在汉语里，我们也应该说“这位是谁”，而不说“她／他是谁”。当着被介绍者的面说“Who is she／he？”是不礼貌的，也不符合英语交际的习惯。顺便提及，在这个片段的结尾，教师说“Are you her friend？”也不是很合适，教师好像不相信 Mary 说的话。

在课堂教学中，为了使学生借助直观的视觉信息理解词汇或句子的意义，教师经常做一些动作。比如在教授现在进行时态时，很多教师一边做某个动作一边用现在进行时态描述所做的动作。应该说这样做往往能起到很好的效果。但是，并非所有动词都可以用现在进行时态；有的动词虽然有现在进行时态的形式，但一般不表示正在进行的动作，而是表示将来要发生的事情。这是学习现在进行时态时需要特别注意的一个问题。很多英语学习者(包括一些高级英语学习者)在使用现在进行时态时经常出现错误，比如“He is standing. I am liking English.”。学生之所以出现这样的问题，原因之一是教师不仅在教学中忽略了这个问题，而且教师自己举例时使用的例句也有错误。请看下面的例子：

T：Now please look at me. What am I doing？I am closing the door. I am closing the door. What am I doing？

SS：You are closing the door.

T：Yes，I am closing the door.(练习 close 的发音若干遍)

T：What am I doing？I am opening the door. I am opening the door. What am I doing？

SS：You are opening the door.

T：Yes，I am opening the door. (pause)I am opening my book. I'm closing my book. Now the whole class，please open your books. What are you doing?

SS：We are opening the books.

T：Now please dose your books. What are you doing?

SS：We are closing the books.

这个片段的教学重点是通过 close 和 open 这两个动词来学习现在进行时态的用法，教师通过开门、关门、打开书、合上书这四个动作来说明现在进行时态的意义和用法。问题在于 close 和 open 这两个动词都是瞬间动词，它们所表示的动作是在一刹那之间发生的，一般不用于进行时态。所以，像“I am opening / closing the door.”这样的句子实际上不存在的，一般不会有人说“我正在开门”。如果我们看(听)到这样的句子：“The bank is opening / closing.”，其意思是“银行马上就要开门 / 关门了”，而不是“正在开门”或“正在关门”。当然，如果教师有意识地把开门和关门的动作做得很慢，也好像可以表示动作正在进行。我们以“is opening the door”为检索项在英国国家语料库进行检索，只有两例表示正在开门。而以“is closing the door”为检索项进行检索时，没有找到一例。

在这个片段的中间，教师先让学生翻开书(Please open your books.)，然后问学生“What are you doing?”，引导学生说出“We are opening our books.”。显然，学生说这句话的时候，书应该已经翻开了。之后教师说“Now please close your books. What are you doing?”，学生说“We are closing the books.”。其实，当学生说“We are closing the books”时，书应该已经合上了。事实上，这种讲解方式不仅不符合英语使用的规则，也不利于学生理解进行时态的真正意义和用法，甚至可能误导学生。请看下面的片段：

T：All right. Oh. Sorry. Excuse me —is this a pencil-box?

S：Yes.

T：Yes，it is. OK. Look at your teacher — what am I doing? Do you know what am I doing — yes. OK.

S：You are cleaning.

T：I am cleaning. No，I am not cleaning. Look，I'll do it again — oh，sorry.

S：You are opening.

T：No，no，no.

S：You are closing.

T：Closing. Yes. What am I closing？What am I closing？Who knows？Yes，OK. You，please. Yes. OK — what am I closing？

S：You are closing the pencil box.

T：Thank you. Look，I'm closing the pencil box. The pencil box is closed. Do you understand？+yes+

SS：+yes+

在这个片段中，教师借用学生一个铅笔盒，一边做动作一边让学生说出她正在做的动作。她做的动作大概是合(关)上铅笔盒，但是学生说出了“You are cleaning.”和“You are opening.”这两个句子。最后在教师的反复引导下，学生终于说出来教师期望的句子“You are closing the pencil box.”。为什么会出现这种情况呢？像打开铅笔盒和合上铅笔盒这样的动作往往是在一瞬间完成的，虽然这两个动作的结果容易观察到，但打开和合上这两个动作本身是在一瞬间完成的，不容易观察到。所以当教师第一次问学生“What am I doing？”时，铅笔盒可能已经合上了，所以学生不可能说出“You are closing the pencil box.”学生未能说出教师期待的句子，所以教师说“I'll do it again.”。如果教师要再做一次合上铅笔盒的动作，她必须先把铅笔盒打开。这时，学生很自然地说出了“You are opening.”。然而，这仍然不是教师期待的句子。最后学生没有选择了，大概明白了教师的意图，说出了 You are closing. 这位教师最大的问题在于她说的话与希望描述的动作不吻合，她希望学生说的话与学生实际观察到的现象也不吻合。这种教学方式的实际效果是非常有限的。

英语中除了瞬间动词一般不用于进行时态以外，一些表示状态和心理活动的动词也很少用于进行时态。比如 stand 这个词可以用在进行时态中，比如“My mother is standing beside me.”“Aunty is standing there in her Sunday best，Tom is standing in the doorway.”等。但是，这些句子都有一个表示方式、位置的状语，如以上三句话中的 beside me，there in her Sunday best 和 in the doorway。加上这些状语后，句子的意思是“某人站在何处”或“以某种方式站着”，而不是表示“正在站着”的意思。如果去掉这些句子中的状语，这些句子就不完整。所以，像“I am standing”和“He is standing”这样的句子实际上是不存在的，也是没有意义的。但是，这样的句子在英语教师课堂话语中很常见。在下面的片段中，stand 一词的用法也存在同样的问题：

T：Good，yes. Watch TV. Watch a football game. Remember the man is，he is standing. Right？S-t-a-n-d —— could you read after me again？Standing.

SS：Standing.

T：Standing.

SS：Standing.

T：What is he doing？What is he doing？

S：He is standing.

T：Are you standing now？

SS：No.

T：Who is standing？Am I standing？

SS：Yes，yes.

T：You. Yes，I'm standing，but you are sitting. Right？

其实，只要教师(及学生)略加思考，就能体会到像 I am standing now. 这样的句子是不存在的，也是没有意义的。如果我们把这句话翻译成汉语会是什么样子呢？“我正在站”还是“我正站着”？假如别人问“你在做什么？”，我们能回答“我正在站”或“我正站着”吗？其实，英文中的 stand 和中文中的“站”都不能用进行体。这是由这类动词本身的特定含义决定的。在下面的片段中，stand 的用法基本上是正确的，只是“the boy is standing”这句话不够规范。

T：Boys and girls，I have many wonderful photos. Do you want to see them？

SS：Yes.

T：(Show the picture of Part D) Look，the boy is standing. Where is he standing?

S：He’s standing on the man's shoulders.

T：So we can say the boy is standing on the man’s shoulders.

与 stand 这个词一样，动词 sit 一般也不单独用于进行时态。我们可以说“某人坐在何处”或“某人以何种方式坐着”，但一般不说“某人正在坐”或“某人正坐着”。所以，像“He is sitting behind me. ”这样的句子是正确的，而像“I am sitting now”这样的句子则是错误的。遗憾的是，这样的错误句子在英语课堂中很常见，不仅学生这样说，而且教师也这样说。请看下面的片段：

T：+she+ is singing. Right？Singing a song，that's good. What's that？Oh，yes. What’s he doing？Look at this，what is he doing？

B：He is sitting.

T：He is sitting. Is he sitting now？Is he sitting too？

B：No，he isn’t.

T：Yes，he is sitting. He is sitting. Are you sitting now？

SS：+yes+

T：+and I+ am I sitting now？

BB：No.

T：No，I am not. You are sitting.

在这个片段中，教师先后指着坐着的和站着的几个同学(教师也许指着图片，也许指着班上的同学，从语料中不能确定)反复问学生“What is he doing？”，并引导学生说出“He is sitting”“He isn’t sitting”等句子。教师自己还说出了“He is sitting，are you sitting，am I sitting. ”“you are sitting”等句子。就语法形式而言，这些句子都符合语法规则，但这些句子在现实中是不存在的。

情态动词是英语中比较特殊的一类词。汉语中没有与英语对应的情态动词。英语学习者普遍感到情态动词不容易理解，使用的时候出错的频率很高。有些错误是由于学生知识掌握不够熟练造成的，有些则与教材编写和教师的教学有关系(程晓堂、裘晶，2007)。在分析语料的过程中，我们发现教师讲解情态动词的用法及举例说明时存在一些问题。下面片段中 shall 的用法就不是很恰当：

S：Hello，Miss Wan.

T：Hello! Where are you going?

S：I'm going to the zoo.

T：Shall go with you?

S：OK.

T：Good.

这是教师给学生提供的一个示范性对话，基本意思是：一个学生要去动物园，教师问她是否可以一起去，学生回答可以。根据这个对话的语境，大多数人都会把对话中的“Shall I go with you？”理解为一种请求，即教师请求与学生一起去动物园。但是，根据英语语法，情态动词 shall 在此处使用得不恰当。shall 的用法如下：

(1) 表示建议(通常用第一人称复数，即 we 作主语)，如：

Shall we begin?

Let’s begin，shall we?

(2) 表示征询意见或建议(可用第一人称单数或复数)，如：

What shall I wear?

Where shall we meet?

(3) 表示主动提出做某事(offer to do something)，如：

Shall I drive?

Shall I go and put some tea on?

据此，如上例中的“Shall I go with you”的意思应该表示主动提出做某事，那么其意思就是“我陪你去动物园好吗？”(言外之意是学生需要人陪护)。但是，根据对话的语境，学生并不需要教师陪她去动物园。总之，上例中的 shall 的意思和用法令人费解。

除了情态动词以外，一些教师在使用一些常用词时也有使用不当的问题。有时教师试图通过举例来讲解某些词语的意思和用法，但由于教师所使用的例子本身就存在问题，所以教师的讲解达不到预期的效果，学生越听越糊涂或听了之后形成错误的认识。比如，一位教师在讲解 both 一词时，与学生进行了如下互动：

T：Look，I have an orange. I also have an apple. In one sentence，we can say I have both an orange an apple.(教师一只手里拿着橘子，一只手拿着苹果。之后，教师鼓励学生造句。)

S1：I have both a textbook and a story book.

S2：I like both the toy car and the toy plane.

在这个片段中，教师期望通过实物演示和例句使学生理解both的意思和用法。从语法上讲，教师所说的“I have both an orange and an apple. ”和两个学生分别说的“I have both a textbook and a storybook. ”和“I like both the toy car and the toy plane. ”都是正确的。在一定的语境下这些句子都是恰当的，比如：

A：Do you have an orange or an apple?

B：I have both an orange and an apple.

A：Do you have a textbook or a storybook?

B：I have both a textbook and a storybook.

A：Do you like the toy car or the toy plane?

B：I like both the toy car and the toy plane.

从以上例子可以看出，使用“both…and…”来连接两个名词(短语)时，往往是为了起强调作用，意思是“两个都有”，而不是“只有(其中的)一个”。再比如：

Both Mike and I really care about Mary. I told both Richard and George.

在上面的教学片段中，教师先说“I have an orange. I also have an apple.”，然后教师把两句话合并为一句话“I have both an orange and an apple. ”。其实，教师这样说是欠妥的。因为“I have an orange. I also have an apple”的意思是“我有一个橘子，我也有一个苹果”，而“I have both an orange and an apple”的意思是“橘子和苹果我都有”。“我有一个橘子，我也有一个苹果”与“橘子和苹果我都有”所反映的客观事实是相同的，但说话者的真正含义是有区别的。所以，这个教学片段中教师创设的语境和所提供的例句不能使学生准确理解 both 的意义和用法。

语言的重要功能之一是反映现实世界，因此语言所表达的意义应该与它所反映的世界保持一致，否则语言就失去意义。这里我们举一个例子来说明这个问题。北京地铁 10 号线刚开始运营时，每到达一个车站，地铁里的广播都会用中英文这样广播：“列车到达×××站……；the train is arriving at ××× station.”。显然，列车已经到达某个车站后，就不能说“the train is arriving at×××station”了。如果列车快要到站时这样广播就没有问题了。类似的问题在英语课堂里也很常见。在英语词汇教学中，教师经常创设情景来帮助学生理解词汇的意义和用法。如果情景创设得真实、自然，语言运用恰当，确实能够起到促进学习的效果。反之，则产生负面效果。请看下面的例子：

T：OK. Next one，stop — (教师在黑板上板书 stop) You know the word stop now. Look，what am I doing？(教师做跑步的动作)

SS：Running.

T：And now I...

SS：Stop.

T：OK. What am I doing now？

SS：Cooking.

T：OK，now？

SS：Stop.

T：OK. What am I doing？I am +walking+

SS：+walking+

T：Now？

SS：Stop.

T：Stop.(领读，巩固读音)

SS：Stop.

T：Stop.

SS：Stop.

T：Good.

在这个片段中，教师期望通过做动作来向学生展示 stop 的意思。首先，她做一些动作，问学生她在做什么，然后停止动作，问学生她现在的情形。学生领会了教师的意图，所以教师停止动作时，学生在教师的引导下说出 stop。其实，这里的师生互动在话语使用上存在明显的问题。教师停止做动作并问学生“and now I…”或“Now…？”时，自然的回答应该是“You are not running / cooking / walking”或者“You have stopped”，但学生说的是 stop。由于学生说的是 stop 的动词原形，且没有主语，所以只能按照祈使句来理解，而这种理解又不符合当时的语境，因为教师已经停止了动作。显然，这样的师生互动话语是一种没有真实交际意义的虚假话语，也可以说是语言使用不当的现象。这种操练方式不利于学生真正理解所学单词的含义。久而久之，还可能使学生形成错误的知识。其实，在这个片段的最开始，学生就已经知道了 stop 的意思。如果说为了操练这个词的用法，可以这样：教师做动作，学生发出指令“stop”!然后教师停下来；或者学生做动作，教师发出停止的指令。也可以让学生两人一组做这样的练习。

第三节　课堂话语的准确性研究

规范的教师课堂话语除了尽可能正确以外，还要力求准确。在组织课堂教师活动、呈现和讲解语言知识、语言示范、提问与反馈等环节，教师都应该使用准确的语言。准确的语言不仅能够给学生提供高质量的语言输入，而且还有利于提高教学效果。

在师生互动过程中，教师经常需要通过提问来引导学生进行语言表达。我们经常看到这样的现象：教师提问以后学生没有反应。有时教师提的问题并不复杂，即使教师把问题重复若干遍，但学生还是不知道如何回答。造成这种现象的原因之一是教师提问时使用的语言不准确。请看一个片段：

T：Loot at my tortoise，what is it like？(学生无反应，教师重复 What is it like？) What colour is it?

S1：It’s green.

S2：It has four leas.

T：Yes，it has four short legs.

SS：It has a small head.

在这个片段中，教师首先出示一只乌龟，她希望学生描述乌龟，给学生提了一个问题："What is it like？"，按照正常的理解，"What is it like？"的意思是"它是什么样子的？"如果要回答教师提出的问题，学生应该说出乌龟的形状或样子。显然，对于小学生来说，要说出乌龟的形状是比较困难的。所以，教师提出问题以后，学生没有反应。教师把问题重复一遍后，学生还是不知道如何回答。其实，教师的本意不是让学生说出乌龟的形状，而是让学生描述乌龟。因此，看到学生没有反应，教师将问题改为"What colour is it？"，这时一个学生马上说出"It's green."，其他学生得到启发，紧随其后，进行了类似的表达。

以上片段代表了一种很常见的现象：由于教师语言使用不当，给学生理解和表达带来困难，有时教师能够意识到自己的语言使用问题，并及时调整话语。有的教师则不反思自己的问题，而是一味地认为学生的理解力差。上例中的那位教师在接下来的师生互动中又出现了一次类似的情况：

T：Yes! It's green. It has four short legs and a small head. Look! It has a short tail，too. (教师用手指着乌龟的尾巴)。

(教师领读单词 tail 若干遍并让学生拼写，然后继续师生互动)

T：Do you have a tail？

SS：No，I don't.

T：Who has a sail？Who has a tail？

(学生无反应)

T：What animal has a tail？

S1：A monkey has a long tail.

S2：A tortoise has a short tail.

在这个片段中，教师和学生一起描述了乌龟的尾巴，然后领读单词 tail 若干遍。之后，教师希望通过互动进一步巩固这个单词。教师问学生"Do you have a tail？”(你们有尾巴吗？)学生回答“没有”。之后，教师又问“Who has a tail？”，(谁有尾巴呢？)由于这个问题紧接在“Do you have a tail”之后，所以，按照正常的理解，这里的“谁”应该是指人，而不是动物。所以当教师问“Who has a tail？”时，大多数学生的理解可能是“(我们没有尾巴，)谁有尾巴呢？”如果学生这样理解这个问题，显然就不好回答了。因此，教师问“Who has a tail？”时，学生没有反应。好在教师意识到问题所在，及时调整了所问的问题，改为“What animal has a tail？”，这时，学生迅速说出 Monkey has a long tall． Turtle has a short tail．

与上例情况类似，一位教师在教授单词 lizard 之后，问学生“How is the lizard？”，结果学生没有反应。教师期望学生说出“It’s rough，it’s green，it’s ugly”等句子。显然，“How is the lizard？”这个问题在措辞上是不合适的，学生无从回答。

有些教师与学生互动时，经常即兴地提出问题。有时由于考虑欠周，所提问题令学生无法回答。请看下面的片段：

T：How are you？

SS：Fine. Thank you，and you？

T：I’m very well. Thank you. Which school are you in？ Which school are you in？

S：I’m in number one middle school.

T：In number one middle school. Where？

S：Mm...

T：Where？ OK. +please+

S：+I’m in+ number one middle school of tractor factory in ×××. (城市名称)

T：Number one middle school +of tractor factory in ×××+

S：+of tractor factory in ×××+

T：That's good. Sit down，please.

在这个片段的中间，教师问一个学生她是哪所学校的(这是一节借班上课的观摩课，授课教师可能不知道学生来自哪所学校)。学生说出“I’m in number one middle school”之后，教师重复了一遍，之后顺口问了一个问题“Where？”，这个问题好像出乎学生的意料之外，一时不知道如何回答。教师又把问题重复了一遍，并给予了鼓励。这时，学生说出她是拖拉机厂第一中学的。教师重复了一遍，并给予了认可。其实，学生说的拖拉机厂第一中学并没有回答教师的问题。因为教师的问题是“(第一中学)在哪里？”，这个问题对学生来说还真不好回答，因为这个“哪里”的范围有大有小，既可以指一个具体的位置，也可以指所在的城市。

教学中教师经常需要使用元语言，比如解释语言现象、归纳语言规则时，教师需要使用教材以外的语言。有时教师使用母语，有时使用英语。在使用元语言时，有的教师语言不准确，影响学生的理解。请看以下的片段：(教师让学生听一段对话，对话在教师与多媒体电脑之间进行，C 代表电脑)：

T：May I have a pizza，please？

C：Yes，here you are. It’s twenty yuan.

T：Ok，here you are.

C：Thank you.

T：Now，who can tell us how to express when you want to buy？

这个片段的最后一句话是学生听完对话之后教师对学生提的一个问题。教师的设计思路和意图都很清晰，希望学生在亲身体验一段购物对话之后能够总结购物的表达法，所以教师对学生说“Who can tell us how to express when you want to buy？，”显然，这个问题学生是不容易回答的，有的学生甚至可能听不懂这个问题，因为他们很可能不知道 express 这个词。在这种情况下，教师可以说：“When you want to buy something．what do you say？”。

在教师课堂话语中，课堂指令占相当大的比例。教师的课堂指令是否清楚、准确直接关系到学生是否能够有效地开展活动。课堂指令不清楚、不准确的现象在英语课堂上非常普遍。请看下面的例子：

T：Let’s have a race. Here are some orders. Four students follow the orders. Four students give the orders，then count for them. Eight students a group. There are four groups in our class. Here are the orders：Lie on your back. Put your hands on your head. Bend your knees and touch your knees with your head.

这是一段十分费解的指令。阅读几遍之后我们能猜出大致意思：教师提供一些指令(orders)，4 个学生发出指令(give the orders)，另外 4 个学生根据指令做动作(follow the orders)，发指令的学生还要数一数做动作的学生做对了几个动作；每组 8 个学生，全班共有 4 组。但即使我们理解了这些话语，实际操作中仍然有问题，比如，4 个学生同时发出指令还是轮流发指令？4 个同学同时做动作还是轮流做动作？谁负责数数并记录？

课堂指令除了应该力求清楚、准确以外，还要考虑指令的可操作性。也就是说，教师要求学生做的事情确实能够在课堂上顺利进行。由于考虑欠周到，有时教师给出的指令在课堂上无法操作。请看下面的一段指令：

T：Please open your English book and read the text with your neighbours. Then find new words or phrases you don't understand exactly. Discuss in your group.

这是一位小学英语教师在课文教学中给的一段指令。她要求学生采用小组合作学习的方式阅读课文(read the text with your neighbours)，然后在课文中找寻不懂的生词和短语，并以小组的方式进行讨论。教师希望在教学中渗透合作学习的理念，希望学生以小组形式开展学习活动。但是并不是所有活动都可以以小组形式进行。阅读主要是个体行为，很难做到两个人或多个人一起阅读，所以“read the text with your neighbours”实际上不具有可操作性，也没有必要(分角色朗读对话以外)。另外，“Discuss in your group”也不是很清楚的指令。

英语教师课堂话语的一个突出特点是，真实交际话语与非真实交际话语往往穿插进行。教师给学生发指令、介绍教学任务、讲解语言知识时，可以说是真实交际。教师示范对话、领读课文、举例时所说的话语则可能不是真实的交际。真实交际与非真实交际之间应有过渡，要让学生能够意识到二者之间的界限，以免造成理解上的混乱。请看一个例子：

T：Let’s play a guessing game. It’s long. It’s green. What’s this？

S：Cucumber.

T：Right. It's a cucumber. Look at the cucumbers (教师出示黄瓜的图片). They're fresh.

这是小学英语课堂上经常做的一个猜谜游戏。教师用英语描述某物，学生猜测并说出物品的名称。在这个片段中，教师说“Let's play a guessing game. It's long. It's green. What's this？”，应该说学生都能够理解。但教师语言运用不够规范。片段中的两个 It's 都可能理解为前一句话中的“a guessing game”。当然，这种理解是不符合逻辑的，但是根据衔接理论中的指称关系，这里的“It’s”只能是指称“a guessing game”。其实，“Let’s play a guessing game”是关于游戏本身的指令语，“It’s long. It’s green.”是游戏中的语言。对于那些不是非常熟悉小学英语课堂教学的读者，片段中的 It’s 都可能理解为前一句话中的“a guessing game”。另外，“What’s this？”。使用得也不够恰当，正确的说法应该是 What’s it？在这个片段中，教师的语言并没有语法错误，但是在语篇衔接手段的使用上欠妥当。下面是另外一个类似的例子：

T：Boys and girls，I have a riddle for you. Listen carefully! I have a round face. I have two hands. One is short and the other is long. I can sing like this：Tick，rock，tick，tock. What am I？

这个片段与前面列举的片段情况类似，其中的“I have a round face. I have two hands.”中的两个“I”很可能被理解为“I have a riddle for you”中的“I”。好在谜语指令语与谜语本身之间，教师加了一句“Listen carefully!”。如果实际说话时停顿得恰当，话语就比较自然了，谜语中的“I”就不会与前面的“I”产生混淆了。

第四节　课堂话语的得体性研究

课堂上教师的话语不仅要尽量正确、规范，而且要得体。语言的得体性是“指在运用语言进行交际或表达时，要懂得不仅使自己说的话符合语法规则，还要使它适合说话的场合，更要符合操该语言的社会群体的思维方式和风俗习惯”。简单地讲，所谓得体，就是指说的话要符合语境的需要，也就是说要遵守“在什么情况下说什么话”的原则。对于外语学习者，得体性比正确性更加重要。因为正确性通常指语言内部的规范性，而得体性除了包括正确性，还包括其他因素(同上)。因此，外语学习者不仅要使自己的语言尽可能正确，还要做到得体。在这方面，教师的指导和引导作用非常重要。

一些教师由于缺乏必要的语用知识和跨文化交际意识，在课堂上使用英语时经常出现语言使用不得体的情况。比如，英语和汉语的称呼语也有很大的差别。讲英语时，如果机械地套用汉语里的称呼语，就有可能出现语言使用不得体的情况。比如，汉语中可以说“王老师，早上好”，也可以直接说“老师，早上好”，但是英语里不能说“Good morning，Teacher Wang!”或“Good morning，Teacher!”，因为在英语里，teacher 这个词不能用作称呼语。其实，汉语里有些表示职业的名词也不能用作称呼语，比如不能说“王清洁工”“王司机”“王厨师”。遗憾的是，像“Teacher Wang”和“Good morning，Teacher!”这样的说法在英语课堂里司空见惯。当然，这些话语大多数情况下是学生说的，但教师有责任给予纠正和引导。另外，教师话语中也有类似的问题。下面就是两个例子：

T：My dear students，your voice is very beautiful! Today，we'll go into our English class with this little Teddy Bear. (出示玩具熊) We'll have a good time.

...

SS：Goodbye，teacher!

T：Goodbye，students!

在这个例子的开头，教师说“My dear students”；教师与学生再见时，学生说“Goodbye，teacher.”，教师说“Goodbye，students.”。教师这样直接用 students 来称呼学生和学生用 teacher 来称呼教师都是不得体的。另外一种情况是，虽然教师不是用 students 来直接称呼学生，但用这个词来指课堂上的学生。这种用法也不是很恰当。因为“学生”(students)隐含着一种身份，或者说隐含一种关系，特别是师生关系。一个班级上的学生彼此之间的关系是同学关系，他们之间就不适合用 student 来指称或描述。虽然教师有资格这样做，但这样称呼学生可能加大教师与学生之间的距离。请看下面的例子：

T：Good. Now sake off your ear phones — now：these students A，and these students B (教师把学生分为 A，B 两组) Read the dialogue — OK. What's that over there？One，two，begin.

...

T：+yes+. Please make sentences according to the pictures. OK. You can discuss in your pairs — please.

SS：(talk for 20 seconds)

T：Say. Did you get it？OK，look at the second picture. Many students are curious about it What's she doing？Look，is she old？

T：Good. Thank you. Another student — now，you two please come here (pause 13s)Yes.

...

T：She wanted what？She wanted to get everthing toady for her party. Right？OK. Could you give it to the student before you — let's see this.

在上面的 4 个例子中(不是连续的话语)，教师反复使用 student 一词来指她的说话对象(尽管不是直接称呼)，给人很生硬的感觉。其实教师完全可以使用一些更具有亲和力的说法，比如“You are group A，you are group B(伴随着手势)；Many of you are curious about it：Good，thank you，anyone else？”这样就可以避免使用 student 这个词来指学生了。

英语中有很多语言资源可以用来提高表达的得体性。比如，表示要求和请求时可以用疑问句，而不用祈使句；表示意愿和愿望时可以用虚拟语气。另外，恰当使用程式化语言也能提高语言的得体性，如 excuse me，sorry，thank you，you're welcome 等“客气话”。但是，表达得体性要根据交际场合选择恰当的表达方式和词语，不能生搬硬套地使用某些表达法。在分析语料过程中，我们发现有些教师的课堂话语不够得体，其中一个原因就是不恰当地使用表示礼貌的程式化语言。请看下面的片段：

T：Excuse me？

SS：Yeah.

T：Is the shop open or closed？

SS：It is closed.

这个片段的教学背景是这样的：学生观看了一段录像，录像中两个学生在一家商店前面进行对话，根据对话内容和电视画面的提示，商店已经关门。看完录像之后，教师希望了解学生的理解情况并教授 open 和 closed 这两个词的意义和用法。教师提的问题是“Is the shop open or closed？”，但是在提问之前，教师先说 Excuse me，其实这个 Excuse me 用得不够恰当。在日常交际中，请求别人帮助或打断他人说话时，经常说 Excuse me。如果上面的对话发生在顾客和商店老板之间，那么这个 Excuse me 是恰当的。但是，在课堂上教师向学生提问时就不必说 Excuse me，因为教师不是在进行角色扮演。所以教师在向学生提问时说 Excuse me 就显得不够自然，也浪费课堂时间。当然，如果教师是与学生进行角色扮演(教师扮演对话中的某个角色)，那么上面的片段是合情合理的。类似的情况还有很多，比如：

T：Very good. Sit down，please.

SS：Thank you.

T：Not at all.

这是一位教师请学生回答问题之后的简短互动。在这种情况下，教师说“Sit down，please”时，学生自行坐下即可，不必说“Thank you”。即使学生说了“Thank you”，教师也不必说“Not at all”。这种看似必要的礼貌用语在这种情况下其实很不合适，给人的印象是很做作、很不自然。因为这里的“Thank you”实际上属于一种客气话，不是真正意义的致谢。同理，学生回答完毕之后，如果教师对学生说“Thank you”，学生也不必说“You are welcome”或“Not at all”之类的话。因为这种情况下教师对学生说“Thank you”，实际上是对学生回答的一种反馈，并不是真正表示致谢。那么是不是英语课堂上师生之间互动时就不需要讲究礼貌？当然不是的。比如在游戏活动结束时，教师可能给学生某种奖励，这时学生就需要说“Thank you”，教师也应该作恰当的应答。

教师话语使用不得体，可能导致学生在语用方面形成错误的习惯。大家都知道，很多中国学生讲英语时喜欢直来直去，在表达要求或愿望时，不善于使用英语中委婉的表达法(如 I'd like to)，而是不分场合地使用 I want something 或 I want to do something 这样的句型。其实，学生这样的语用习惯与教师课堂教学不无关系。请看一个片段：

T：That's beautiful Thank you. Sit down，please. Let's give them applause. They are reading very well. (applause) OK，they are reading very well. Thank you now. In this dialogue we learn some useful expressions. The first one is — want to do something，Want to do something. Now we can say，I want to play basketball，and I want to watch TV，and I want to listen to the music，and I want to drink some orange. But we can't say — I want play basketball，I want drink orange，I want — watch TV. It's wrong. Now remember. Don't forget this to. Can you make sentences with want to do something?

SS：Yes.

T：Think it，think it over. Now who like to tell me，I want to，I want to，I want to，anyone? — OK，now pass it over please. Linda，please.

S：I want to read a book.

这个片段中，教师着重讲解并示范了一个所谓的很有用的表达法“want to do something”。教师举了 7 个含有 want to(do)的例子。这样的讲解和举例给学生的印象是，只要是想做什么事情，一律可以说“I want to ...”其实，在英语里不分场合地使用“I want to(do)”是很不得体的。在大多数情况下，这样说话是不礼貌的。以上这位教师的讲解和示范恐怕对学生有误导作用。这就是二语习得理论里面所说的由于过度教学而导致的语言错误(errors cau sed by over-teaching)。另外，在讲解中教师特意提醒学生，不能说“I want play basketball，I want drink orange，I want watch TV”。从这里我们看出，教师比较注重语言的正确性，而对语言的得体性没有给予足够的重视。下面我们再看一个例子：

T：Hello，may I speak to Xiaolong?

S：Speaking. Who is this，please?

T：It's Mr Bao，here. May I speak to your father? Is your father at home?

S：No. He is out.

T：Oh，the father is out. Would you please take a message? Would you please take a message?

S：Oh，Ok.

T：Ok. Oh，[yes，you may say sure] Would you please take a message？Ok. Hmn，tell him to come to my home this evening.

在这个片段之前，学生学习了如何打电话以及相关的表达法，如“take a message”。在这个片段中，教师与一位学生模拟打电话，之后，教师要求全班学生两人一组，模仿这段话进行对话练习。在这个对话的结尾，教师请学生给他的父亲留言，请他晚上到教师的家里。在这种情况下，这位教师应该尽量客气、婉转(尽管是对学生说话)，教师可以说“I wonder if he could come to my home，I'd like him to come to my home”“I wonder if he is free this evening”等，但是这位教师却说“tell him to come to my home this evening”。在英语里，这句话是一句态度生硬的命令式要求。一位教师这样要求学生家长是很不得体的。

问候和打招呼是语言交际的重要组成部分。英语和汉语中的问候语存在很多差异。相比之下，英语中的问候语更加丰富一些，不同语境下的问候方式各不相同。也正是因为如此，很多英语学习者在问候语的使用上存在不当之处。其中一个原因与课堂教学有关。不少英语教师在课堂上使用的问候语不符合语言运用的实际情况。比如，很多教师在上课伊始时这样与学生互致问候：

T：Good morning，class.

SS：Good morning，Miss Zhang.

T：Nice to meet you.

SS：Nice to meet you，too.

我们知道，英语中的“Nice to meet you”是人们初次见面(认识)时的问候用语，意思相当于“很高兴认识你(您)”。彼此认识以后再见面时不能说“Nice to meet you”，而应该说“Nice to see you(again)”。在这个片段中，教师应该不是第一次与学生见面(从学生说的“Good morning，Miss Zhang”可以看出这一点)，所以教师不应该说“Nice to meet you”。受教师的影响，学生也错误地说出“Nice to meet you，too”。久而久之，学生就会根据教师错误的话语形成错误的认识。当然，如果这位教师的确是第一次与一个班的学生见面，那么她可以说“Nice to meet you”。

与问候语类似，英语中表示情态的方式也很丰富。同一种情态可以有多种表达方式，但其中可能有细微的差异。英语中的“would like to do”是一个使用频率非常高的表达法，其意义和用法也比较丰富。但是，很多中国英语学习者不能正确使用这个表达法，一些英语教师在课堂上也存在使用不当的情况。请看一个片段：

T：Boys and girls，I’m new here. I want to know about your city. Would you like to introduce something to me?

SS：...

T：It's very beautiful. I'd like to visit these places. Would you like to give some advice to me?

在这个片段中，教师共使用了“would like to”三次。其中“Would you like to introduce something to me”和“Would you like to give some advice to me”是请求学生提供信息和建议，“I’d like to visit these places”是表示参观一些地方的愿望。虽然都是“would like to”这个结构，但意义有差异。“I’d like to”表示做事的愿望是没有问题的。但是用“would you like to”表示请求则不太妥当。英文中的“would you like to”一般用来邀请某人做某事，往往是对被邀请人有利的事情，或者征询听话者的意见或建议，一般不用来表示请求(request)。以下是从英国国家语料库中找到的例子：

Would you like to hear the song?

Would you like to dance with me?

Would you like to wait here for me?

Would you like to come with me to Albert’s and see his Mum?

I will start again... would you like to sit down，Holly?

Would you like to go to bed now?

Would you like to come down to Carinish Court for a few days?

Would you like to go shopping?

Would you like to come too?

以上例句中，基本上都是说话邀请对方做某事，或是给对方提建议，很少是给对方提要求或请求对方做某事。在上面的片段中，两处的“Would you like to”都表示要求或请求，即请求对方做某事，而且是有利于说话人的事情，在这种情况下不宜使用“would you like to”，而应该说“Can / Could you...”。

当然，语言的得体性不像语法的正确性那样明确，而且得体性因时、因地、因人而变化。作为非英语本族语者，中国的英语教师使用英语时很难完全避免得体性问题。但是，如果英语教师平时注意观察和积累，也可以在使用英语时尽量减少不得体的情况。

参 考 文 献

[1] 陈彧．话语分析与英语教学研究[M]．北京：经济科学出版社，2019．

[2] 林维燕．大学生英语“机切”口语语块的元话语特征探究[M]．北京：世界图书出版公司，2018．

[3] 李杨．英语话语分析问题研究[M]．北京：中国铁道出版社，2016．

[4] 赵宏伟．英语话语的多维研究[M]．上海：华东理工大学出版社，2016．

[5] 赵鹍．行动中的语言：基于 SETT 框架的大学英语教师课堂互动话语研究[M]．北京：知识产权出版社，2019．

[6] 程晓堂．英语教材分析与设计[M]．北京：外语教学与研究出版社，2002．

[7] 程晓堂．任务型语言教学[M]．北京：高等教育出版社，2004．

[8] 程晓堂．基于功能语言学的语篇连贯研究[M]．北京：外语教学与研究出版社，2005．

[9] 周流溪．中国中学英语百科全书[M]．沈阳：东北大学出版社，1995．

[10] 何安平．外语教学大纲・教材・课堂教学：设计与评估[M]．广州：广东教育出版社，2001．

[11] 张德禄，苗兴伟，李学宇．功能语言学与外语教学[M]．北京：外语教学与研究出版社，2005．

[12] 陈勤．教师话语、课堂角色与语言学习[J]．四川师范大学学报(社会科学版)，2004，31(4)：82-86．

[13] 陈秋仙．国内教师话语的研究现状及其对二语习得的学理意义[J]．教育理论与实践，2007，27(6)：56-58．

[14] 程晓堂，裘晶．中国学生英语作文中情态动词的使用情况——一项基于语料库的研究[J]．外语电化教学，2007(6)：9-15．

[15] 何安平．基于语料库的英语教师话语分析[J]．现代外语，2003，26(2)：

161-170.

[16] 胡青球．中外教师英语课堂话语对比分析——个案研究[J]．国外外语教学，2007(1)32-37.

[17] 胡青球．优秀英语教师课堂话语特征分析[J]．山东外语教学，2007(1)：54-58.

[18] 黄小苹．课堂话语微观分析：理论、方法与实践[J]．外语研究，2006(5)：53-57.

[19] 刘学惠．外语教师教育研究综述[J]．外语教学与研究，2005，37(3)：211-217.

[20] 裴学梅，李敏．高中英语课堂互动模式和教师话语抽样研究[J]．安徽师范大学学报(人文社会科学版)，2006，34(5)：591-595.

[21] 翁晓梅，于应机．大学英语口语互动课堂中教师话语的调查与分析[J]．宁波工程学院学报，2007，19(3)：124-126.

[22] 咸修斌，孙晓丽．自然模式亦或教学模式——基于大学英语优秀教师课堂话语语料的分析[J]．外语与外语教学，2007(5)：37-41.

[23] 姚佩芝．试论外语教学话语的学科个性特征[J]．外语与外语教学，2004(7)：59-61.

[24] 喻红．课堂环境下的外语教师话语分析：理论基础与研究现状[J]．广西大学学报(哲学社会科学版)，2007，29(4)：132-136.

[25] 张敏．从自然言语与教师话语的风格差异谈教师话语的效能[J]．外语教学，2002，23(4)：41-44.

[26] 赵晓红．大学英语阅读课教师话语的调查与分析[J]．外语界，1998(2)：18-23.

[27] 周星，周韵．大学英语课堂教师话语的调查与分析[J]．外语教学与研究，2002，34(1)：59-68.